샨 볼츠의
천국 경제의 열쇠

재정장관 천사의 방문

Keys to Heaven's Economy

Keys to Heaven's Economy

by Shawn Bolz

Copyright © 2005 Shawn Bolz
Published by Streams Publishing House
P.O. Box 550, North Sutton, New Hampshire 03260

Korean translation copyright © 2009 by Pure Nard
2F 16, Eonju-ro 69-gil Gangnam-gu, Seoul, Korea

The Korean edition is published by arrangement with Streams Publishing House.
All rights reserved.

본 저작물의 한국어판 저작권은 Streams Publishing House와의 독점 계약으로 한국어 판권은 '순전한 나드'가 소유합니다.
저작권자의 허락 없이 이 책의 일부 또는 전체를 무단 복제, 전재, 발췌하면 저작권법에 의해 처벌을 받습니다.

천국 경제의 열쇠

초판발행 | 2006년 1월 9일
17쇄발행 | 2023년 8월 20일

지은이 | 샨 볼츠
옮긴이 | 김주성

펴낸이 | 허철
펴낸곳 | 도서출판 순전한나드
등록번호 | 제2010-000128
주소 | 서울 강남구 언주로69길 16(역삼동) 2층

총괄 | 허현숙
제작 | 김도훈
도서문의 | 02) 574-6702
팩스 | 02) 574-9704
홈페이지 | www.purenard.co.kr
인쇄소 | 예원프린팅

Printed in Korea

ISBN 89-91455-30-1   03230

샨 볼츠의 천국 경제의 열쇠
재정장관 천사의 방문
Keys to Heaven's Economy

샨 볼츠
Shawn Bolz

잔 폴 잭슨의 서문

추 천 의 글
Recommendation

샨 볼츠는 내가 아는 사람들 중 가장 "자연스럽게 초자연적인" 사람이다. 그의 새로운 책에는 이 둘 사이의 놀라운 균형이 반영되어 있다. 이 책을 읽을수록 당신은 예수님과 그분의 목적을 더 알고자 하는 갈망에 사로잡히게 될 것이다.

— 체 안
캘리포니아 주(州) 파사데나에 있는
추수반석교회(Harvest Rock Church) 담임목사

a Letter of Recommendation

하나님은 샨 볼츠에게 하나님 나라의 재정에 관한 이해와 계시 및 적용력을 선물로 주셨는데, 그것이 바로 이 책의 독특한 점이다. 그렇기 때문에 이 책은 오늘날 그리스도의 몸에 절박하게 필요한 책이라고 할 수 있다. 예수님께서 그분의 충만한 유업을 받으시도록 하기 위해서는 우리가 그 원리들을 이해하고 적용하는 것이 절박하게 필요하다. 이 책은 대가를 지불할 준비가 되어 있고 또 기꺼이 대가를 지불하려는 마음으로 다가올 위기의 시대에 그분과 함께 동역하기를 기다리고 있는 자들에게 주시는 하나님의 초대장이다.

- 질 오스틴
Master Potter Ministries의 설립자이며 대표

놀라운 만남! 놀라운 이해! 놀라운 계시적 가르침! 이 책은 단순히 또 한 권의 좋은 책이 아니라 풍성한 공급하심에 대한 천국의 청사진을 일부 포함하고 있는 책이다. 그리고 그런 풍성한 공급하심은 마지막 때를 위한 하나님의 목적들을 이루기 위한 것이다. 읽고, 믿고, 준비하고, 받으라. 각 페이지 속에는 운명과의 만남이 기다리고 있으며, 그것은 바로 당신을 위한 것이다!

- 짐 골
Encounters Network의 공동 설립자

a Letter of Recommendation

하나님 나라의 경제와 관련된 하나님의 마음과 방법들을 이해하는 것이 이 비전 속에서 놀랍게 계시된다. 이 책 속에서, 샨 볼츠는 하나님께로부터 온 심오한 예언적 계시를 충성스럽게 전달하고 있다. 그의 비전과 가르침을 믿음으로 받는다면, 독자는 분명히 나와 마찬가지로 충격을 받음과 동시에 축복을 함께 받게 될 것이다.

– 패트리샤 킹
Extreme Prophetic의 설립자

샨 볼츠에게 방문의 형식으로 주어진 이 계시는 파쇄하는 기름부음으로 역사하여 독자들 안에서 믿음과 소망을 풀어놓을 것이다. 그것은 살아 있는 것 같았고 마치 나에게 필요한 공급하심을 위해 하늘이 열리는 것처럼 느껴졌다. 그 결과 나의 이해는 기대감으로 바뀌었다. 샨 볼츠처럼 그리스도의 몸에 필요한 깊은 영적 계시를 받을 수 있을 만큼 철저히 자신을 주님께 내어드린 사람들로 인해 하나님께 감사한다.

– 조앤 맥패터
Inside-Eternity의 설립자 / www.joannmacfatter.com

a Letter of  Recommendation

이 책에서, 샨 볼츠는 우리를 축복하시고 우리에게 그분의 자원들을 온전히 나타내기 원하시는 주님의 갈망을 보여 준다. 우리는 지금 부의 이동(transference of wealth)과 관련된 초자연적인 전쟁의 다음 단계로 진입하고 있다. 이와 같이 샨은 우리에게 하나님 나라의 거래라는 차원을 들여다볼 수 있는 놀라운 통찰력을 제공한다.

– 척 D. 피어스 박사
Glory of Zion International Ministries, Inc.의 대표
Global Harvest Ministries의 부대표

이 책은 하나님께서 당신에게 맡겨 주신 모든 것이 얼마나 신성한 것인지 새롭게 깨닫게 함으로 당신의 마음을 떨리게 할 것이다. 샨 볼츠의 통찰력 가운데 특별히 매혹적인 것은 모든 차원의 사업과 전문적인 영역들 속에 오중사역의 은사들을 분산 배치시키기 위해 하나님께서 어떤 전략을 가지고 계시는가 하는 것이다.

– 밥 소르기
저자이며 교사, www.oasishouse.net

Prologue

이 땅에서 짧은 생을 살았지만
나에게 심오한 영향을 준 나의 형
가이 찰스 볼츠(Guy Charles Bolz)에게
이 책을 바칩니다.

형은 우리 가족 전체에게
생명을 주기 위해
땅에 심겨진 영적 씨앗이 되었습니다.
형과 함께 영원을 보내게 될 날이
무척이나 기다려지는군요.

이 책을 또한 내 친구인

캐롤린 블렁크(Carolyn Blunk)에게도 바칩니다.

지금은 영원의 세계에 있지만,

그녀는 이 책을 포함한

많은 책들의 저술을 돕기 위해

자신의 프로젝트를 희생하였고,

마치 자신의 체험을 기록하는 것인 양

최선의 노력을 기울였습니다.

이 책의 영향을 받는 모든 생명이

그녀의 영원한 기업에 포함될 것입니다.

Contents

서문		14
서론		16
Chapter 1	황폐한 기업의 회복	20
Chapter 2	나의 기업을 발견하다	24
Chapter 3	첫 번째 방문	38
Chapter 4	열린 하늘	54
Chapter 5	두 번째 방문	62

Keys to Heaven's Economy

Chapter 6	천국의 경제	82
Chapter 7	천국의 정의	100
Chapter 8	하나님의 보물창고	114
Chapter 9	갑절의 기름부음	136
Chapter 10	아낌없이 베풀라	144
Chapter 11	은총의 통로	152
저자에 대하여		159

서문

저자와 마찬가지로 이 책은 영감 있고, 예언적이며, 강력한 책이다. 샨 볼츠를 알게 된 것은 그가 15살 때였다. 샨은 하나님을 열정적으로 추구하는 사람이다. 그리고 나는 수년에 걸쳐 그의 예언적인 통찰력과 초자연적인 계시들에 큰 힘과 격려를 받아 왔다.

샨은 혁명적으로 하나님을 사랑하는 자들, 즉 천국의 심장박동에 참여하기 위해 땅에서의 상급을 희생하는 사람들 가운데 새로운 세대를 대표한다. 그런 유형의 사람으로서, 샨은 땅에 있는 것들이 아니라 "위의 것들"(골 3:1)에 마음을 두었다.

이 놀라운 만남들 속에서, 샨은 자신이 하나님 나라의 재정장관이라 불리는 천사의 방문을 여러 번 받은 때로 우리를 데려간다. 그 계시들은 너무나 놀랍고 도전적인 것들이다. 그 계시들은 때로는 불편한 반응을 불러일으킬 수도 있지만 그와 같은 반응은 우리가 예수 그리스도를 닮은 모습으로 더욱 더 변해가기 위해 우리 자신을 열 때 반드시 필요한 반응이다.

이 책을 통해 하나님의 만지심을 받을 준비를 하라. "나를 위한 것은 무엇인가?"라는 사고구조로 움직이는 세상 속에서, 샨은 우리에게 "하나님을 위한 것은 무엇인가?"라는 질문을 깊이 생각해 보도록 도전한다.

확신컨대, 이 책 속의 계시는 많은 이들을 자유케 할 것이며 수백만 명의 운명을 변화시키는 데 사용될 것이다. 이 책을 읽는 것이 당신의 영적인 행보를 더욱 깊어지게 하고, 또한 하나님 나라 안에서 당신을 향한 하나님의 목적을 발견하는 데 도움이 되길 바란다.

― 잔 폴 잭슨
Streams Ministries International의 설립자

Introduction

서론

당신이 주 예수님이나 혹은 그분께 속한 천상의 존재들과 초자연적인 만남을 경험한다면, 청지기로서 그들이 전해 준 계시들을 효과적으로 전달하는 법을 알기란 쉽지 않다. 당신은 다른 사람들에게 그 계시들에 관해 이야기하는가? 그렇다면 언제, 어떤 방법으로 그렇게 하는가?

재정장관(Minister of Finance)이라 불리는 천사의 방문을 받은 체험을 처음으로 인터넷을 통해 전달했을 때 나는 갈급한 마음을 가지고 더 많은 것들을 알고자 하는 사람들로부터 수천 통의 이메일을 받았다. 독자들은 하나님께서 땅 위에 있는 그리스도의 몸을 새롭게 하여 현재의 종교적 구조의 장벽을 뛰어넘게 하시기 위해 재정과 자원들을 풀어놓으려 하신다는 사실에 특별한 감동을 받았다. 사람들은 천국의 천사들이 마땅히 예수님께 속한 것을 그분께 드리기 위해 인간들과 동역하기를 갈망하고 있다는 것을 알고서 큰 용기를 얻었다.

  나는 이 계시를 기록해야 한다는 큰 책임감을 느꼈다. 그렇게 하려면 본래는 몇몇 개인들과 나 자신에게만 국한되었던 아주 개인적인 만남들과 이야기들을 나누는 것이 불가피할 것이다. 이 계시가 펼쳐지고 더 깊은 방문체험들이 일어났을 때 나는 그 속에 담긴 진리가 그리스도의 몸 전체를 위한 것임을 깨닫게 되었다.

  우리는 지금 세속적인 직업에 대한 영적인 위임명령이 전임사역만큼이나 중요한 계절 속으로 들어가고 있다. 세속적인 직업에 종사하는 사람들은 교회사역의 명령을 받은 사람들과 똑같은 강도의 부르심을 느껴야 한다.

  하나님은 이 세대가 모든 세속적인 산업에 침투해 들어가기를 갈망하고 계신다. 그것은 그분이 자신의 영광을 나타내실 뿐만 아니라 또 영광을 받으실 수 있도록 하기 위한 것이다. 그분은 또한 세상의 체제 한가운데 경건한 대항문화를 육성하기로 작정하셨다. 적그리스도의 영이 땅의 체제를 장악하여 거의 지배하고 있는 실정이기 때문에 경건한 대항문화에 뛰어든다는 것은 위험한 일이다. 하지만 어둠이 있는 곳에 더 큰 빛이 임하게 될 것이다.

일어나라 빛을 발하라
이는 네 빛이 이르렀고
여호와의 영광이 네 위에 임하였음이니라
보라 어두움이 땅을 덮을 것이며

> 캄캄함이 만민을 가리우려니와
> 오직 여호와께서 네 위에 임하실 것이며
> 그 영광이 네 위에 나타나리니
> 열방은 네 빛으로,
> 열왕은 비취는 네 광명으로 나아오리라
>
> 이사야 60:1-3

지금 바로 이 시간에, 하나님은 그분의 명령을 받고 풀어놓아질 자원들과 재정을 가지고 계시며 하나님 나라의 확장을 위해 사용하고자 하는 남녀들에게 그것들을 맡기고자 하신다. 이 비축자원은 이 세대 가운데서 대가를 불문하고 일어나, 자신이 청지기 역할을 감당할 수 있는 모든 것, 즉 예수님이 마땅히 받으셔야 할 보상과 유업을 그분께 돌려드리고자 하는 사람들을 위해 예정되어 있다.

지난 몇 년에 걸쳐서, 나는 아들의 영적 기업에 관한 것이라고 믿어지는 일련의 심오한 계시들을 받아왔는데, 아버지께서는 그런 아들의 영적 기업을 하늘에서와 같이 땅에서도 나타내기 원하신다.

하나님 나라의 통치권을 깨달으려면 패러다임의 전환을 경험해야 한다. 하나님은 나의 예언적 여정을 사용하셔서 나에게 많은 것들을 설명해 주셨다. 그럴 때 삶은 단순히 일련의 사건들이 아니라, 가시적으로 보이는 하나님의 구체적인 목적들이 신중하게 펼쳐지는 과정이 된다. 나는 이런 개인적인 체험들 몇 가지와 심지어 우리 가족의 이야기까지 당신에게 자세히 이야기하려고 한다. 이 이야기들을 읽으면서, 당신의 마음을 성령님께 온전히 열어 드리라고 부탁하고 싶다.

이 책이 당신에게 하나님의 마지막 때의 초점에 대해 더 높은 이해의 차원으로 올라가도록 영감을 불어넣는 귀중한 도구가 되기를 바란다. 하나님께서 무르익은 수확물을 거둬들이도록 많은 사람들을 풀어놓으실 것인데, 그 수확물에는 단순히 영혼들의 구원만이 아니라 예수님의 나라가 온 땅에 활발히 풀려나 사람들의 마음을 다스리게 되는 것까지 포함된다.

어떤 사람에게는 이 책이 땅 위의 하나님 나라 안에서 당신의 역할과 관련하여 하나님께서 당신에게 계시해 주신 것들을 한층 더 견고케 하는 토대를 제공해 줄 것이지만, 어떤 사람들에게는 새롭고 신선한 계시와 같은 역할을 하게 될 것이다.

당신이 어느 경우에 해당하든, 이 책을 읽는 동안 나의 경험들과 통찰들이 당신 안에 더 큰 비전을 불러 일으켜 당신의 믿음에 불이 붙고 당신의 소망이 확장될 뿐만 아니라 당신의 영원한 부르심에 대한 하나님의 계획이 새롭게 열리길 기도한다.

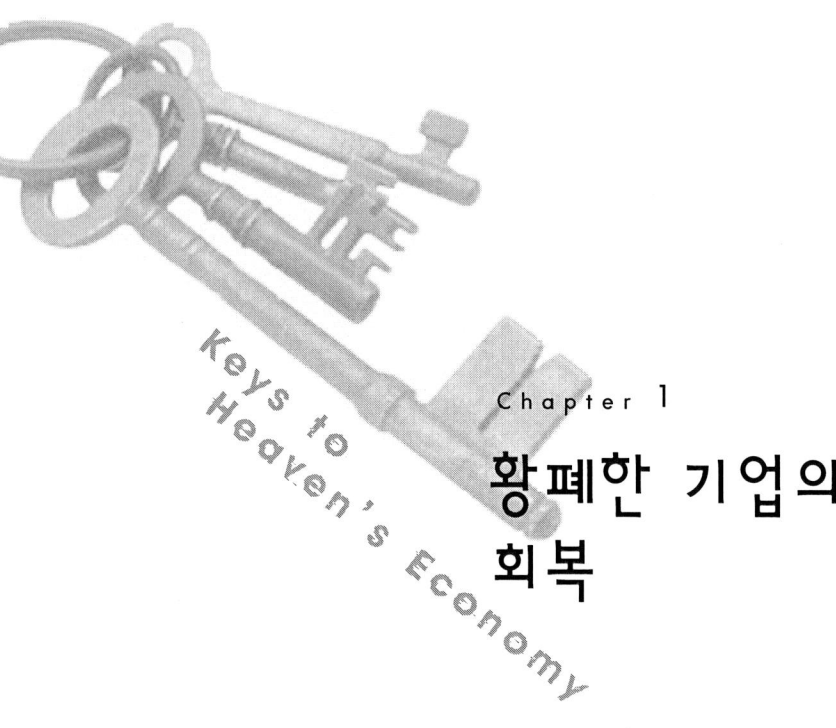

Chapter 1

황폐한 기업의 회복

..... 이는 저희로

마음에 위안을 받고

사랑 안에서 연합하여

원만한 이해의 모든 부요에 이르러

하나님의 비밀인 그리스도를 깨닫게 하려 함이라

그 안에는 지혜와 지식의

모든 보화가 감취어 있느니라

골로새서 2:2-3 •••••

2001년 7월 5일 아침, 강렬한 태양빛이 내 침실 창문을 통과하여 뜨겁게 타오르는 것 같았다. 태양이 떠오를 때 그 빛이 너무나 눈이 부셔서 나는 그 빛을 피하기 위해 반대편으로 몸을 돌렸다. 하지만 몸을 돌렸을 때는 거울이 그 빛을 반사해서 내 눈 속으로 곧장 들어오게 했다. 양쪽에서 비춰오는 빛에 눈이 부신 나머지 나는 일어나 앉아 눈을 가늘게 뜨고 침대 가장자리를 내려다보았다. 그때 내 눈에 들어온 것이 나를 깜짝 놀라게 만들었다. 한 사람이 거기 서서 나를 지켜보고 있었던 것이다.

그 사람을 몇 초간 유심히 살펴본 결과 나는 그가 인간이 아니라 천국의 실제적인 분위기를 몸에 지닌 천사라는 것을 깨달았다. 그것도 단순한 천사가 아니라 천국에서 높은 존재에 속한 천사였다. 전에는 그와 흡사한 경험을 해본 적이 한 번도 없었기 때문에 주님에 대한 두려움이 나의 마음을 사로잡았다.

비록 그 천사는 고귀한 분위기를 지니고 있긴 했지만 다소 수수하게 올이 굵은 삼베처럼 보이는 갈색 옷을 입고 있었다. 그리고 그 옷은 많은 주머니들로 덮여 있었다. 그 옷 안쪽에는 마치 살아 있는 빛처럼 생기가 있으면서도 반투명으로 보이는 또 다른 옷이 있었다.

그 천사는 대략 6피트의 키에 갈색 머리와 꿰뚫어 보는 듯한 담갈색 눈을 하고 있었다. 나는 그의 눈에 담긴 강렬한 사랑과 권위에 너무나 놀라서 어떻게든 그 눈을 피하고 싶었다. 그렇지만 나는 눈길을 돌릴 수 없을 것 같았다. 두 개의 눈길이 마주친 채로 완전히 고정되어 버렸다.

그의 얼굴은 긍휼과 권위를 동시에 발산하고 있었다. 갑자기 나는 왜 주님의 사랑을 받았던 요한이 자신에게 나타난 천사를 보고 혼란에 빠져 그를 경배하게 되었는지(계 19:10) 깨달았다. 왜냐하면 천사들이 하나님의 밝게 빛나는 모습을 비춰내는 존재이기 때문이다.

하나님의 음성

내가 어떤 말도 할 수 있기 전에, 귀로 들을 수 있는 주님의 음성이 내 앞에 서 있는 천사를 소개하면서 그 방을 가득 채웠다. **"하나님 나라의 재정장관을 소개한다."**

그 소리는 나팔소리와 음성이 하나로 섞여 있었다. 주 임재의 파도가 물결치듯 밀려들어와 나를 통과했다. 후에 나는 옆방에 있던 어린 소년이 귀로 들을 수 있는 하나님의 음성을 듣고 잠에서 깨어나 두려움에 사로잡혔었다는 사실을 발견했다. 그렇게 소개하신 다음, 주님은 계속해서 내 영을 통해 내적으로 말씀하시면서 그 천사와 그의 높은 지위에 대해 더 많은 것들을 알게 해 주셨다.

즉시로 나는 하늘의 권세로 인해 땅에서 풀려나오게 되는 모든 재정과 자원들에 대한 명령권이 그 천사에게 있다는 것을 알았다. 그 자원들은 단 한 가지의 목적만을 가지고 있는데, 그것은 우리 시대에 예수님께 충만한 보상과 기업을 드리는 것이다.

그 천사가 담당하는 일이 얼마나 거룩하고 고귀한가! 그 천사가 방 안에 서 있는 동안 내가 하나님의 영광을 느꼈던 것도 그리 놀라운 일이 아니다.

그 재정장관 천사는 내가 있는 방향을 향해서 침대의 다리 주위를 걷기 시작했다. 그가 그렇게 하는 동안 나는 '왜 나일까? 왜 이곳일까?' 라고 생각했다. 그렇지만 좀 더 나아가기 전에, 내가 캘리포니아에 갔던 것과 관련된 몇 가지 정황들을 나누는 것이 그 천사가 하늘 보좌에서부터 내려와 나를 방문한 사건을 좀 더 온전히 이해하는 데 도움이 될 것이다.

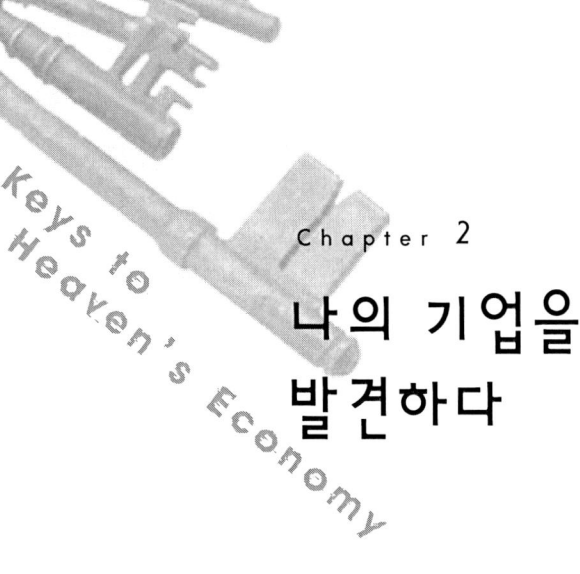

Chapter 2

나의 기업을 발견하다

..... 너희 마음 눈을 밝히사

그의 부르심의 소망이 무엇이며

성도 안에서 그 기업의

영광의 풍성이 무엇이며

그의 힘의 강력으로 역사하심을 따라

믿는 우리에게

베푸신 능력의 지극히 크심이

어떤 것을 너희로 알게 하시기를 구하노라

에베소서 1:18-19 ■ ■ ■ ■ ■

내가 태어나기 전에 부모님은 아이를 잃으셨다. 그의 이름은 가이 찰스 볼츠(Guy Charles Bolz)였는데 죽을 당시에 4살이었다. 당시에 부모님은 그리스도인이 아니었지만 가이는 하나님에 대한 불타는 사랑을 가지고 있었다. 아주 작은 어린 아이였을 때 그는 항상 하나님과 예수님에 대해 얘기했다. 그래서 그는 만나는 모든 사람에게 늘 기쁨이 되었다. 어떤 면에서 가이는 우리 가족의 순교자였다. 왜냐하면 그가 백혈병과 싸우다가 죽은 후에야 비로소 부모님이 예수님을 찾았기 때문이다.

심지어 가이가 죽을 때에도 초자연적인 사건이 있었다. 골수이식 수술을 받는 도중에 그는 수술대 위에서 죽었다. 의사가 대기실에 있던 부모님을 찾으러 왔을 때, 그분들은 최악의 사건이 일어났음을 알았고 흐느껴 울기 시작했다.

그때 갑자기 특별한 용모의 한 여자가 대기실에 나타났다. 그녀는 평화로운 분위기를 지니고 있었으며 전에는 한번도 그렇게 깊은 슬픔을 경험해 본 적이 없었던 우리 어머니에게 즉각적인 위안을 가져다주었다. 그 아름다운 여성은 우리 부모님과 잠시동안 앉아 있다가 떠났다.

나중에 부모님께서 그 경험에 대해 이야기했을 때, 두 분은 전혀 다른 외모의 여성, 즉 머리도 다르고 옷차림도 다른 여성을 보셨던 것 같았다. 하지만 부모님께서는 그 시간 내내 서로의 곁에 앉아 계셨다. 그 여자분 위에 머물러 있던 사랑의 임재가 그분들 안에 하나님을 갈망하는 마음을 불러일으켜 주었다. 그 여자분이 형이 죽어가던 순간에 주님으로부터 보내심을 받은 천사였다는 것을 깨닫고 부모님께서는 결국 하나님을 발견하게 되었다.

누나인 씬디(Cindy) 외에도, 어머니는 후에 두 명의 아이를 더 낳으셨는데, 곧 누이인 제니퍼(Jennifer)와 나다. 우리 모두는 마음 속에 아주 오래전 우리를 떠난 형을 그리워하는 빈 공간을 지니고 있었다. 비록 내가 태어나기 전에 죽긴 했지만 내 마음은 형을 알고자 하는 열망으로 가득했다.

나의 기업을 발견함

2000년에 하나님은 형의 삶에 존재하던 부르심에 관해 나에게 말씀하시기 시작했다. 그분은 내게 가이의 생명이 너무 일찍 취해졌다고 말씀하셨다. 그것은 우리가 마음속에 품고 있던 생각에 대한 확증이었다. 왜냐하면 우리는 항상 그가 아직 살아 있어야 한다고 느끼고 있었기 때문이다. 우리는 왠지 모르지만 가족의 일부가 빠져 있는 것처럼 느껴졌다.

하나님은 내가 받아야 할 유업이 있다고 계시해 주셨는데, 그것은 가이가 살아 있었다면, 성취해 갔을 그 부르심이었다. 하나님은 이제 나에게 그것을 취할 것을 요구하고 계셨다.

내가 청구서를 손에 들고 있는 그림이 보였다. 그 청구서는 예수님께서 내 형을 통해 이 땅에서 성취하시려고 마음속에 품고 계신 것들과 관련이 있었다. 나는 형에게 있던 바로 그 부르심과 은사의 유업을 불러내기 시작했다. 내가 그렇게 했을 때, 하나님은 형 가이가 걸어가게 되어 있었던 사랑과 부르심을 받아들이도록 내 마음을 넓혀 주셔서 형으로 인한 내 마음의 공허함을 치유해 주셨다. 여러 해 전에, 나의 형에 대해 전혀 알지 못한 한 예언적인 사람이 나에게 바로 그런 말씀을 주었지만, 그 순간까지 그 말은 내 마음속에 아무런 인상도 주지 못했고 이해되지도 않았다.

하나님께서 나의 형에 관한 그런 계시들을 풀고 계시는 계절 동안, 나는 캘리포니아에 있는 친구들을 방문하고 있었고, 부모님께서는 공교롭게도 워싱턴주(州)에 있는 친구들을 방문하고 계셨다. 우리는 여러 날 동안 아무런 대화도 나누지 못했지만 하나님께서 그분들을 내 마음 속에 떠오르게 하셨다. 어느 날 밤, 나는 일찍 잠자리에 들었고 그분들에 관한 생생한 꿈을 꿨는데, 그 꿈은 마치 밤새도록 계속된 것처럼 느껴졌다. 그것은 우리 가족을 위해 형을 상징적으로 등장시킨 꿈이었다.

가이의 부활에 대한 꿈

그 꿈속에서, 나는 묘지 관리인이 워싱턴주에 있는 한 묘지에서 잔디 깎는 일을 하고 있는 모습을 보았다. 그는 완전히 파헤쳐진 한 무덤과 마주쳤는데, 한 작은 소년이 열린 관 옆에 서 있었다. 깜짝 놀란 묘지 관리인이 물었다. "애야, 너희 부모님은 어디 계시니?" 하지만 그 아이는 알지 못했다.

"부모님을 어디서 마지막으로 보았니?"

"병원에서요." 그 작은 소년이 대답했다.

그러자 묘지 관리인이 신경질적으로 물었다. "네 이름이 뭐니?"

그 작은 소년이 대답했다. "가이 찰스 볼츠요."

묘지 관리인은 묘비를 보고 그 소년의 이름이 거기 새겨져 있는 것을 발견했다(실제로 나의 형은 그 꿈에서와 마찬가지로 워싱턴주에 묻혀 있다).

"자, 애야, 농담할 때가 아니란다." 묘지 관리인이 말했다. "너희 부모님이 어디 계시니?" 그는 누가 그런 어린 아이를 데리고 이런 장난을 치는지 보려고 주위를 미친 듯이 둘러보기 시작했다. 하지만 그것은 장난이 아니었다.

그 작은 소년이 대답했다. "어디 계시는지 몰라요. 그렇지만 전 예수님과 천국에 있었는데, 그분이 저에게 부모님께 가라고 하셨어요. 그분들이 저를 필요로 하신대요."

묘지 관리인의 표정이 그가 받은 충격과 두려움을 드러내주고 있었다. 그는 어떻게 해야 할지 몰라 그 작은 소년을 사무실로 데리고 가서 그가 도움을 요청하는 동안 소년에게 기다리라고 말했다. 묘지 관리인은 누구에게 전화를 걸어야 할지 몰라서 교환원과 통화하기 위해 0번을 눌렀다.

어떤 여성의 목소리가 수화기 속에서 들려왔고, 그가 일어난 사건을 그녀에게 말하기 시작했을 때, 그녀는 이렇게 소리쳤다. "하나님께서 그 아이를 죽은 자 가운데서 살리셨군요. 그 아이의 부모님을 찾아야겠어요! 예수님을 찬양합니다!"

묘지 관리인은 그리스도인과 통화하게 되리라곤 전혀 예상치 못했었다. 그 가엾은 남자는 너무 감당하기 힘든 나머지 그녀가 소년의 부모님과 연락을 취하는 동안 의자에 털썩 주저앉았다.

장면이 바뀌었고, 나는 캔자스시에 있는 내 부모님의 집을 보았다. 그런데 갑자기 전화벨이 울렸다. 엄마는 부엌에 계셨고 아버지는 거실에 계셨다. 아버지가 옆에 놓여 있던 전화를 받으셨다.

"래리 볼츠(Larry Bolz)씨인가요?" 어떤 여성이 물었다. 아버지는 그렇다고 대답하셨다.

"4살의 나이에 세상을 떠난 아들이 있었나요?" 그녀가 물었다.

"예." 아버지가 대답하셨다. 그분에게는 어린 나이에 죽은 맏아들이 있었다.

"이걸 선생님께 뭐라고 설명해야 할지 모르겠네요." 그녀가 말했다. "선생님의 아들과 통화하실 수 있습니다. 아드님이 살아났어요!"

믿을 수도 없고 화가 나기도 한 아버지가 그녀에게 물었다. "지금 장난 하는 거요? 그 애가 죽은 지 벌써 몇 년이 지났소!"

그녀는 농담이나 장난이 아니라고 힘주어 말했다. 그렇지만 아버지는 전화를 끊으려고 하셨다. 그런데 바로 그 순간 작은 목소리를 들었다. "아빠? 아빠 맞으세요?" 나는 아버지의 충격 받은 얼굴을 보았다. 아버지의 부서진 마음이 뛰기 시작했다. 잃어버린 아들이 맞았다! 아버지는 그 목소리를 알아보았다. "가이니?" 아버지가 얼떨떨한 목소리로 물었다.

바로 그때, 그 대화를 엿듣고 있던 어머니가 집에 있는 다른 전화기를 드셨다. "누구세요?" 어머니가 물으셨다.

그녀는 오래전에 떠났던 아들의 웃음소리를 들으셨고 그 소리에 마음이 찢어지는 듯하셨다. "가이니?" 어머니께서 애절하게 물으셨다.

"맞아요, 엄마. 예수님이 저를 엄마에게 다시 데려다 주셨어요! 나 살아 있어요!"

부모님과 가이 모두 울기 시작했다. 그보다 더 행복한 재회는 없을 것 같았다.

나는 몹시 흐느끼면서 꿈에서 깨어났다. 그것은 부모님이 맏아들의 음성을 한번 더 들으시면서 눈물 흘리시는 장면이 내 마음속에 생생히 그려졌기 때문이다.

"오! 하나님, 이게 뭐죠?" 나는 울면서 물었다.

영 안에서 나는 그분이 이렇게 대답하시는 소리를 들었다. "내가 너의 부모를 미국의 북서부 지역으로 다시 데려갈 것이다. 그들이 갈 때, 내가 그들에게 약속했지만 죽어서 장사된 지 오래된 것처럼 보이는 모든 것이 되살아날 것이다. 그들의 삶에 있는 목적이 온전히 성취될 것이다!"

부활의 기름부음

나는 그 계시 때문만이 아니라 그 계시가 임한 방식 때문에도 놀라움을 금할 수 없었다. 나의 부모님은 성숙한 그리스도인이셨으며, 많은 약속들이 그분들에게 주어져 왔었다. 여러 해 동안 그분들은 하나님이 자신들을 하나님 나라를 위해 놀랍게 사용하실 것이라고 믿으셨다. 그러나 여러 해가 지나면서 모든 약속이 점점 더 멀리 흘러 떠내려가는 것처럼 보였다. 그분들은 결코 시간을 낭비하고 있지는 않았지만 약속받은 것들 중에는 결코 이뤄지지 않은 것들도 있었고 전적으로 하나님의 손을 거쳐야만 성취될 수 있는 것들도 있었다.

부모님은 하나님과 국가를 섬기면서 많은 세월을 군에 몸담아 사셨다. 아버지는 미 공군의 퇴역 대령이셨는데, 아버지와 어머니 모두 점점 늙어가고 있다고 느끼셨다. 그분들은 글쓰고, 노래하며, 치유하는 은사들을 가지고 열방으로 가려고 했던 희망을 이미 오래전에 포기한 상태였다. 그런데 예수님께서 그분들의 부르심과 약속들을 부활시키고 계셨다. 주님은 부모님의 삶에 부어주신 부르심을 그분들이 잃어버린 소중한 아들에 비유하고 계셨다. 이제 부모님은 오래전에 죽어버린 귀중한 무언가가 되살아나는 체험을 하려는 시점에 와 있었다. 주님은 그분 자신의 능력과 인도하심으로 그렇게 하고자 하셨다.

나는 캘리포니아에 있는 집에 돌아갈 때까지 기다린 후에야 비로소 그 꿈을 부모님께 말씀드렸다. 나는 하나님께서 온전한 유업을 되찾게 하시기 위해 부모님을 북서부 지역으로 다시 옮기실 것이라고 말씀드렸다. 하나님께서 부모님의 마음을 가이에게 위임하셨던 것과 똑같이 그런 부르심을 그분들께 위임하고 계신다는 것을 내가 나눴을 때 우리는 함께 울었다. 자신들의 삶에 부어주시는 하나님의 부르심에 대한 그분들의 애정은 마치 가이가 다시 살아나서 그분들 앞에 서 있는 것처럼 실제적인 것이었다.

하나님은 많은 사람들이 이런 부활의 과정을 통과하게 되기를 원하신다. 그분은 우리가 제단에 내려놓고 죽여 버렸던 신성한 약속들을 소생시키기 원하신다. 이제 우리의 믿음을 다시 불일 듯 흔들어 깨워야 할 때가 왔다. 하나님께서 우리에게 부활의 기름부음을 부어주실 것이다. 그 기름부음은 먼저 죽어 버린 꿈에 부어지겠지만 나중에는 진정한 부활의 기름부음이 나타나게 될 것이다.

나의 영적 기업을 되찾음

일년 후인 2001년 6월에 하나님은 두 친구들과 나에게 캘리포니아로 가라고 말씀하셨다. 나는 고향 땅에 대한 깊은 애정이 있었기 때문에 그곳으로 돌아가게 되어 가슴이 벅차올랐다. 나의 소중한 친구인 질 오스틴(Jill Austin)이 랭카스터(Lancaster)에서 열리는 한 컨퍼런스에서 설교하기로 되어 있었는데 나에게 오기를 원하는지 물었다. 즉각적으로 나는 그것이 선택사항이 아니라는 주님의 음성을 들었다. 그래서 나는 가겠다고 대답했다.

나는 부모님께 전화를 걸었다. 그리고 그분들이 워싱턴주(州)의 스포케인(Spokane)으로 가시려고 한다는 것을 알았다. 언제 떠나실 거냐고 물었더니 공교롭게도 내가 캘리포니아로 떠나는 바로 그 날 아침이었다.

"몇 시에 떠나실 건대요, 엄마?" 내가 물었다.

"오전 9시, 사우스웨스트 항공편으로 갈 거란다." 어머니가 대답하셨다.

"저도 9시 33분, 캘리포니아행 사우스웨스트 항공편으로 떠나는데요! 하나님께서 저에게 가서 약속의 유업을 취하라고 말씀하고 계시는데, 하나님이 왜 그곳을 선택하셨는지는 모르겠어요."

"너는 어디로 갈 거니?" 어머니가 물으셨다.

"랭카스터요." 내가 대답했다. 반대편 전화기에서 죽음과 같은 침묵이 흘렀다. 그러다가 어머니께서 울기 시작했다.

"샨, 그곳은 너의 형 가이가 태어난 곳이란다." 그녀가 흐느끼면서 말씀하셨다.

나는 형이 어디서 태어났는지 전혀 알지 못했었다. 우리는 공군가족이어서 내내 이사를 다녔기 때문이다. 우리는 사실 형의 출생에 대해 이야기해본 적도 없었다. 나는 할 말을 잃어버렸다. 부모님은 형에 관한 꿈속에서 하나님께서 우리에게 주신 것을 취하기 위해 북서부 지역으로 가시고, 그와 동시에 나는 유업을 되찾기 위해 가이의 출생지로 갈 예정이었던 것이다. 하나님은 너무나 놀라운 분이시다!

그래서 2001년 7월 그날 아침(1장에서 언급한) 왜 하나님께서 내가 랭카스터에 머물고 있는 동안 재정장관 천사를 보내 나를 방문하게 하셨는지 이해하게 되었다. 그 천사는 형의 영적 유업 가운데 일부를 나에게 풀어놓기 위해 왔던 것이다. 그 순간의 거룩함이 느껴졌다.

영적인 기업의 회복

여호와께서 또 가라사대
"은혜의 때에 내가 네게 응답하였고
구원의 날에 내가 너를 도왔도다
내가 장차 너를 보호하여
너로 백성의 언약을 삼으며 나라를 일으켜
그들로 그 황무하였던 땅을 기업으로 상속케 하리라"

이사야 49:8

말 그대로, 성취되지 못한 채 버려졌지만 다시 손에 넣을 수 있는 영적인 기업들과 과업들이 있다. 다가오는 시대에 주님은 많은 사람들에게 그런 사용되지 않은 채 남아 있는 보물들에 어떻게 접근할 수 있는지 가르쳐주실 것이다. 구원의 날에 다가오기로 정해진 은혜의 때가 있는데, 그것은 아버지께서 예수님 자신의 기업에 투자하기로 정해놓으신 때이다.

우리는 영적인 영역 안에 미완성의 위임명령들이 아무에게도 발견되지 못한 상태로 존재한다는 사실을 이해해야 한다. 현재 그런 미완성의 위임명령들은 언젠가 그것들에 대한 권리를 가진 자들에 의해 다시 발견

되기를 기다리고 있다. 때때로 그런 명령들은 당사자가 너무 일찍 죽기 때문에 완성되지 못한다. 또 어떤 경우에는 주님과 함께 동행하고 있던 그 사람이 불순종과 죄에 빠지면서 미완성의 과업을 남기는 경우도 있다. 반면에 영적인 기업은 죽어서 주님께로 돌아간 사람들에 의해 남겨지는 것이다. 하나님은 우리를 둘러싸고 있는 영적인 기업들과 미완성의 위임명령들에 대한 우리의 거룩한 생득권을 볼 수 있도록 우리의 영적인 눈을 열어주기 원하신다.

내 친구 중 하나는 이전 세대로부터 내려온 영적인 기업들이 마귀에게 속박당하고 사슬에 매인 채 쌓여 있는 한 장소에 대한 아주 선명한 계시를 받았다. 하지만 그는 하나님께서 그 영적인 영역속에 들어가 원수에게 도둑맞았던 귀중한 보물들을 되찾도록 사람들에게 위임명령을 내리려 하신다는 것을 알았다.

사람들은 하나님과 동역하는 가운데 순종의 삶을 살다가 영원 속으로 들어갈 때 영적인 기업을 남긴다. 하나님은 지금 그런 기업들을 손에 들고서 앞 길을 개척했던 자들의 유업속에서 걷고자 하는 개인들을 찾고 계신다.

하나님의 목적들은 영적인 영역에 있는 길과 같다. 하나님은 이미 닦여진 길로 우리를 초청하셔서 이미 불타올랐던 흔적을 따르라고 하신다. 출발점에서부터 새로운 길을 만들 필요가 없는 경우라면, 우리는 하나님의 나라를 더 멀리까지 확장시킬 수 있다. 히브리서 기자는 한 걸음 더 나아가 이렇게까지 말하고 있다:

> 이 사람들이 다 믿음으로 말미암아 증거를 받았으나
> 약속을 받지 못하였으니
> 이는 하나님이 우리를 위하여 더 좋은 것을 예비하셨은즉
> 우리가 아니면 저희로 온전함을 이루지 못하게 하려 하심이니라
>
> 히브리서 11:39-40

천국에 있는 자들 가운데 어떤 이들은 성취되지 못한 약속을 가지고 있다. 우리의 참여로 인해 그들은 하나님의 완전한 계획이 펼쳐지는 것을 보게 될 것이다. 그렇게 과거의 세대로부터 내려오는 기업들이 우리의 재정과 자원들 및 사역들과 그 밖의 엄청나게 많은 것들에 영향을 미칠 수 있다.

> 네가 나의 종이 되어
> 야곱의 지파들을 일으키며
> 이스라엘 중에 보전된 자를 돌아오게 할 것은
> 오히려 경한 일이라
> 내가 또 너로 이방의 빛을 삼아
> 나의 구원을 베풀어서 땅 끝까지 이르게 하리라
>
> 이사야 49:6

이사야는 주님께서 어떻게 자신을 특별한 목적에 합당하도록 준비시키셨는지 설명했다. 하지만 주님의 은총이 그에게 임했기 때문에 그는 더욱 확장된 목적을 받았다. 그는 더 큰 분량의 청지기 직분을 받고서 천국의 더 높은 기업 안에서 행할 수 있게 되었다.

위대한 부르심의 청지기

이 세대에 하나님은 위대한 부르심의 청지기가 되어 땅 끝까지 이르도록 우리를 초청하고 계신다. 그런 부르심은 단순히 교회건물에만 초점이 있는 것이 아니라 세속적인 역할까지 포함하고 있다. 많은 부르심들이 성취되지 못한 채 남겨진 이유는 그것들이 보다 큰 활동무대, 즉 전 세계를 향해 풀려나야 함에도 불구하고 그런 부르심 가운데 행하는 사람들이 교회나 사역으로 자신의 정체성을 제한해 버렸기 때문이다.

장차 이 땅에 가장 놀라운 겉옷들과 기름부음들 가운데 몇 가지가 풀려나게 될 것이다. 그것들은 단순히 사역의 영역만을 위한 것이 아니다. 하나님은 인류에게 알려진 모든 영역에 기름부음을 쏟아부어 그분께 영광을 돌리게 하고 그분의 보상을 촉진하실 것이다.

진실로 우리 시대는 교회의 벽을 뛰어넘도록 부르심을 받은 가장 흥미진진한 시대에 속한다. 왜냐하면 하나님께서 제자들을 모든 산업과 직업 속으로 풀어놓고 계시기 때문이다. 기름부음이 세속적인 직업을 가진 사람들에게 풀려나고 있는 목적은, 그들로 하여금 교회 사역에 종사하는 자들만큼이나 큰, 그리고 잠재적으로는 그들보다 몇 배나 더 큰 수확을 하나님께 드릴 수 있게 하기 위한 것이다. 서구 세계에서 세속적인 직업에 종사하는 자들이 하나님과의 언약 관계 가운데 하나님의 목적을 수행하기에 지금 이 시대보다 더 흥미진진한 시대는 역사상 한 번도 없었다.

기독교의 출현 이후로, 하나님의 운동들 대부분은 교회 조직의 범위 안에서 일어났다. 그 운동들이 교회의 범위 너머로 확장되었을 때는 기껏해야 수천 명에게 영향을 주었을 뿐 수백만 명에게는 영향을 미치지 못했다. 그렇지만 하나님은 세속적인 무대 속에서 문화적인 변화를 가져올 운동을 일으키실 것이다. 그 충격은 마틴 루터가 소수 종교인만이 아니라 모든 사람에게 성경을 쥐어주기 위해 기울였던 노력만큼이나 심대할 것이다. 루터의 비전은 전 지구적인 문화를 변화시켰을 뿐만 아니라 한 세대에 걸쳐 지속되었다.

국제 기도의 집(International House of Prayer)의 설립자인 마이크 비클(Mike Bickle)의 설교를 처음 들었을 때, 그의 비전은 내 마음속에 깊이 새겨졌다. 그는 단순한 문장을 사용했지만 그의 말은 마치 하늘에서 화살이 날아와 내 마음을 찌르는 것 같았다. **"하나님께서 한 세대에 기독교의 얼굴을 변화시킬 것이다."** 그 세대가 바로 우리 세대이다.

하나님께서 한 세대에 기독교의 얼굴을 변화시킨 것은 지금까지 몇 번밖에 없었다. 그분이 그렇게 하실 때마다 그것은 교회의 문화 못지않게 세속의 문화에도 깊은 영향을 주었다. 하늘과 땅의 일치가 있을 때, 모든 것이 경건한 방향으로 변화된다.

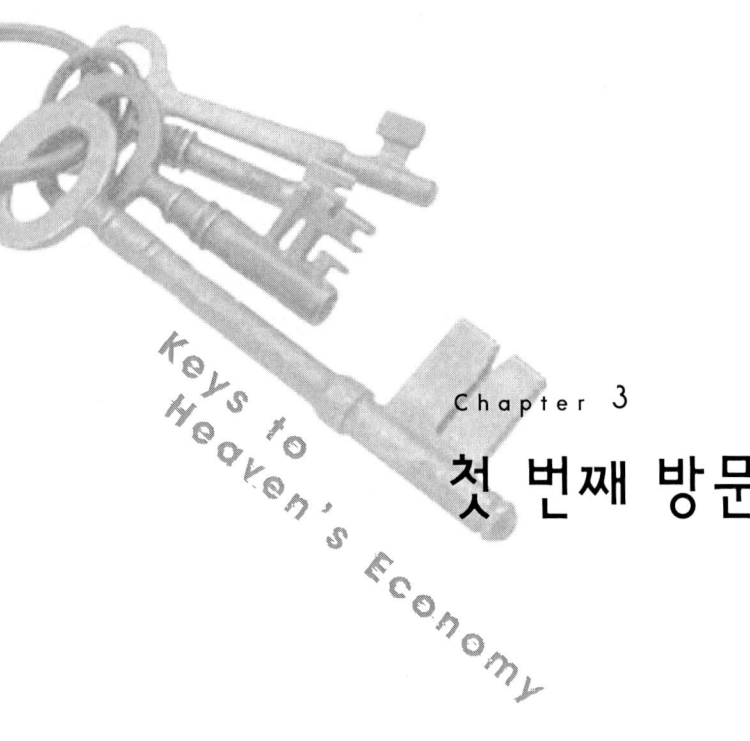

Chapter 3

첫 번째 방문

..... 여호와께서는 지존하시니

이는 높은데 거하심이요

공평과 의로 시온에

충만케 하심이라

너의 시대에 평안함이 있으며

구원과 지혜와 지식이

풍성할 것이니

여호와를 경외함이 너의 보배니라

이사야 33:5-6 ■ ■ ■ ■ ◦

그 재정장관은 전혀 말이 없었다. 너무 조용해서 내 심장이 가슴 속에서 뛰는 소리를 들을 수 있을 정도였다. 내 침대 곁에 서서 그는 옷 속에 있는 주머니에 손을 넣어 열쇠를 꺼내기 시작했다. 초자연적인 속도로, 그는 1초에 스무 번씩이나 주머니에 손을 넣어 더 많은 열쇠를 꺼낸 다음 그 열쇠들을 열쇠 꾸러미에 꿰어 넣었다.

나는 100개도 더 되는 열쇠들을 보았다. 그 일이 너무 빨리 일어났기 때문에 그 열쇠들을 센다는 것은 무척 어려운 일이었다. 집 열쇠들과 자동차 열쇠들, 사무실 열쇠들, 호텔방 열쇠들, 카드 열쇠들, 창문 열쇠들, 은행 열쇠들, 보관소 열쇠들, 그리고 여러 유형의 많은 열쇠들을 본 기억이 난다. 심지어 아직 사용된 적이 없는 미래의 열쇠들도 몇 개 보았다. 단 몇 초 사이에, 모든 열쇠들이 그의 주머니에서 초자연적인 열쇠 꾸러미로 옮겨졌다. 그렇게 많은 열쇠들이 한 꾸러미에 들어맞는 것 자체도 초자연적인 사실이었다.

그런 다음 그 재정장관은 양손을 앞으로 뻗어 그 열쇠 꾸러미를 내 가슴에 댄 다음 눌렀다. 그가 그렇게 할 때 나는 기절할 지경이 되었다. 왜냐하면 그 열쇠 꾸러미가 마치 액체인 것처럼 나의 살 속을 통과해서 내 안으로 들어갔기 때문이다. 마치 영화의 특수효과 같았다. 나는 금속 열쇠들의 차가움을 느꼈다. 그 재정장관의 손은 차가우면서도 뜨거웠다. 그 손이 나에게 닿자 전기 충격이 느껴졌다. 그가 손을 들어 올렸을 때, 나는 내 살 속에 있는 열쇠들의 윤곽을 볼 수 있었다. 그러자 그는 그 열쇠들을 눌러서 내 영 깊은 곳에까지 내려가게 했다.

즉시로 나는 그런 경험이 나에게만 있는 것이 아니라는 느낌을 받았다. 나는 주님의 길을 예비하기 위해 천국으로부터 열쇠를 받고 있는 많은 신자들의 대표였다. 그 열쇠들은 자연적인 영역에서 다양한 기회들의 문을 열어줄 것인데, 그로 인해 땅위에 하나님 나라의 통치를 실현시킬 프로젝트에 재정이 공급되게 될 것이다.

나는 이 천사가 온 세상에 다니면서 약속되어진 문들을 열도록 다양한 사람들의 손에 열쇠를 놓는 환상을 보았다. 특별히 나는 그 천사가 열쇠를 준 세 사람을 보았는데, 그들 중 두 사람은 이미 그들이 받은 약속 안으로 걸어 들어가기 시작하고 있었다.

그때 그 재정장관이 차가우면서도 뜨거운 손가락으로 내 이마를 만졌고 나는 여러가지 다른 환상들을 보게 되었다.

수천 개의 열쇠를 가진 예수님

첫 번째 환상은 예수님께서 하늘에 서서 땅을 내려다보고 계시는 장면이었다. 그분은 내 가슴속으로 녹아들어간 것과 유사한 열쇠 꾸러미를 쥐고 계셨는데, 그분의 열쇠 꾸러미는 훨씬 더 큰 것으로서 거기에는 수십만 개의 열쇠들이 달려 있었다. 그분이 손에 있는 열쇠들을 덜커덕거리며 움직이시자 하늘에서 큰 천둥소리가 들리며 하나님 나라의 활동이 선포되었다.

온갖 종류의 열쇠들이 있었다: 집과 건물, 모든 종류의 차량, 땅 소유권, 기술과 과학산업, 병원, 영화 스튜디오, 학교, 의료자원, 정치자원 등 소유할 수 있고 열쇠가 필요한 모든 것에 대한 열쇠들이 있었다. 나는 그 열쇠들이 땅위에 있는 그분의 기업을 풀어놓을 것임을 깨달았다. 그 열쇠들은 구체적인 자원들을 여는 데 필요한 것이었으며, 인간의 역할은 그 구체적인 자원들의 청지기 직분을 수행하면서 예수님께 그 자원들의 영향을 받는 영혼들의 소유권을 넘겨드리는 것이다.

우리의 눈을 열어주는 엄청난 경험이었다! 그 환상으로 인해 예수님께서 자기 부르심대로 상속받아야 할 유업의 실체가 내 눈에 특별한 것이 되었다! 너무나 많은 자연적인 것들이 그분의 통치권 아래 들어왔다. 아주 정직하게 말해서, 나는 그분이 땅 위에서 그토록 영향력이 있을 것이라고 결코 깨닫지 못했었다.

그때 예수님께서 내게 말씀하셨다. 하지만 그분의 입은 전혀 움직이지 않았다. "내가 내 왕국의 열쇠를 가지고 갈 것이다!"

그러자 꾸러미에 달린 열쇠들이 바람소리와 같은 소리를 냈다. 그렇지만 바람소리보다 훨씬 더 강렬하고 큰 소리였다. 갑자기 나는 오직 성령의 바람만이 그 열쇠들에 맞는 자물쇠를 찾아 하나님의 약속들을 풀어놓으실 수 있다는 것을 알았다. 놀라운 영적 깨달음이 나를 덮쳤다. 그것은 모든 자원이 아낌없이 풀려날 것이며 모든 것이 예수님께 충만한 유업을 드리는 목적을 향해 나아갈 것이라는 깨달음이었다.

예수님은 이런 권위의 왕국에 대해 제자들에게 다음과 같이 말씀하셨다:

> 내가 천국 열쇠를 네게 주리니
> 네가 땅에서 무엇이든지 매면
> 하늘에서도 매일 것이요
> 네가 땅에서 무엇이든지 풀면
> 하늘에서도 풀리리라
>
> 마태복음 16:19

우리가 하나님의 목적에 동의할 때, 그분은 우리가 예수님께 속한 것을 그분에게 돌려드리는 데 필요한 어떤 열쇠든지 풀어놓아주실 것이다. 그 열쇠들은 하나님의 아들이 자신의 충만한 상급을 받으시도록 위대한 약속을 풀거나 잠그게 될 것이다. 그 다음 2년에 걸쳐, 이 환상은 여러 번 다시 일어났다. 그때마다 나는 문자 그대로 열쇠들이 하늘에서 내려와 땅 위에 있는 누군가의 손에 떨어지는 장면을 보곤 했다.

한번은, 내가 아이다호(Idaho)주의 켈로그(Kellogg)에 있었는데 예수님께서 환상 가운데 나에게 나타나셨다. 성령의 바람이 열쇠들 사이에 불었을 때 두 개의 열쇠가 풀려나 사역 가운데 있는 어떤 사람에게 주어졌다. 나는 두 개의 건물이 그 사람에게 주어지리라는 것을 알았다. 내가 이 예언적인 환상을 그에게 나누었을 때 그는 가슴이 벅차 올랐다. 그의 사역에는 그 건물들을 살 만한 재정이 없었기 때문에 그것들은 하늘로부터 내려오는 공급하심으로 그들에게 주어져야만 했다. 얼마 후 그 사람은 전화 한 통을 받았는데 단 몇 달러에 건물 하나를 얻었다. 그 액수는 시세에 비해 터무니없는 가격이었다.

또 다른 경우에, 나는 집 열쇠 하나가 머물 곳이 필요한 친구에게 풀려나고 있는 것을 보았다. 나는 그것이 내 친구의 삶 속에서 특정한 기간 동안 주어지는 공급물자라는 것을 알았다. 그 열쇠는 어떤 유럽 친구들이 미국에 유일하게 투자해서 사 놓은 집의 사용권을 그녀에게 주었을 때 현실로 나타났다. 그들은 그녀에게 그 집에 공짜로 살라고 하면서 그 집을 잘 관리하여 안식처와 성소가 되게 해달라고 부탁했고 그녀는 그 일을 충실하게 해냈다.

또 한 번은, 서부 해안 출신의 한 그룹이 자기네 도시에서도 기도의 집을 시작하고자 하는 갈망을 가지고 캔자스시에 있는 국제 기도의 집에 찾아왔다. 그들을 위해 기도했을 때 나는 한 열쇠 꾸러미가 무리지어 있는 건물들, 즉 큰 땅의 쇼핑센터 위로 풀려나고 있는 모습을 보았다. 내가 그것을 나누었을 때 그들은 즉시 감격해하면서 교회 근처에 있는 쇼핑센터를 구입하기 위해 협상해오고 있었다고 설명했다. 그들은 심지어 그것을 살 것이라는 믿음에 있어서도 도약을 맛보았다. 고향에 돌아간 다음 그들은 주인이 아무 뚜렷한 이유도 없이 가격을 엄청나게 내렸다는 것을 알고서 감격했다. 뿐만 아니라 주인이 자기 비용을 들여 필요한 곳을 수리하기까지 했다!

또 다른 환상 속에서, 나는 컬버시티로 향하는 캘리포니아의 하이웨이 405번 도로 위로 데려가졌고 거기서 헐리우드의 가장 큰 영화 스튜디오들 가운데 하나를 보았는데, 마치 사방이 막혀 있는 한 도시와 비슷한 모습이었다. 주님께서 내게 말씀하셨다. "이것은 나를 위해 지어졌기 때문에 내가 소유할 것이다." 그 환상 속에서, 그 스튜디오 단지는 크고 하얀 벽으로 둘러싸여 있었고 복잡한 보안문을 보유하고 있었다. 자연계에서 나는 스튜디오를 본 적이 한 번도 없었다. 그런데 어느 날 캘리포니아에서 사역하며 여행하는 동안, 나는 친구 몇 명과 함께 그 환상을 '확인'할 수 있는지 보기 위해 컬버시티로 차를 몰고 갔다. 너무나 놀랍게도, 나는 환상에서 본 바로 그 자리에서 영화 스튜디오를 발견했다. 그 체험은 하나님께서 내게 보여주셨던 것과 그 스튜디오가 다가올 시대에 어떻게 세상에 영향을 미칠 것인지와 관련하여 내 안의 무언가에 불꽃이 튀게 해주었다.

2년의 기간 동안 하나님은 열쇠들이 풀려나고 있는 유사한 환상들을 나에게 보여주셨다. 주님은 나에게 여러 개인들과 사역단체들에게 주시려고 하시는 건물들을 14개 이상 보여주셨는데, 영화 스튜디오를 제외하고는 그 14개 건물 모두가 필요한 사람들에게 주어졌다. 그 건물들은 집에서부터 쇼핑센타에 이르기까지, 텅빈 병원에서부터 큰 법인조직에 이르기까지 다양했다. 그 모든 것은 하나님께서 그 나라의 목적을 위해 세우거나 회수하고 계시는 것들의 일부이다.

그때 이후로, 하나님은 나에게 정면에 큰 열쇠들이 놓인 건물들을 종종 보여주셨다. 문들을 슬쩍 보면 나는 그 건물들이 구속의 목적을 위해 곧 풀려날 것인지 아닌지 알 수 있다. 이것 때문에 나는 사람들에게 구체적인 건물을 목표로 삼으라고 권면하는 데 도움을 얻는다.

금 주머니들

예수님이 수천 개의 열쇠를 쥐고 계시는 환상을 본 후, 장면이 바뀌고 두 번째 환상이 나타났다.

갑자기 하늘이 내 위로 열렸다. 내 옆에 서 있던 재정장관 천사가 올라갔다. 두 명의 천사들이 궤를 들고 나타났는데, 그 궤는 보물함같이 생긴 일종의 상자였다. 재정장관 천사는 그 천사들 위에 서 있었다. 내가 자원의 천사로 알고 있는 다른 천사들이 천상의 빛으로 빛나는 하얀 주머니들을 들고 나타났다. 각 천사는 단순히 약간의 금이 담겨 있는 것이 아니라 금으로 가득차 있는 주머니를 두 개씩 들고 있었다! 그 주머니들 안에는 예수님의 기업을 안전하게 확보하는 데 필요한 마지막 때의 자원들이 들어 있었다.

재정장관 천사는 자원 천사들에게 금 주머니들의 봉인을 떼라고 지시했다. 그들은 금을 보물함 속에 쏟아붓기 시작하면서 내 눈에 보이지 않도록 그것을 덮었다. 마치 그 금이 너무 거룩해서 내가 보아서는 안 되는 것 같았다. 사실 그 주머니들 자체에 머물고 있던 하나님의 거룩한 영광이 너무나 강력해서 나는 눈길을 돌려야만 했다. 그 보물함 내부를 들여다 보려고 할 때마다 나는 그 환상 속에서 길을 잃었고, 그 장면은 마치 대낮에 태양을 보려고 하는 것처럼 더욱더 강렬한 빛을 발산했다. 나는 그 주머니들 안에 있는 놀라운 금을 보려고 했지만 허락되지 않았다. 왜냐하면 그 주머니들은 극도로 거룩한 목적을 위해 구별되어 있었고, 그것들을 보는 자들은 그 목적으로 인쳐지게 되어 있었기 때문이다. 그래서 금은 내 눈에 보이지 않도록 가려졌다.

네 천사들이 여덟 개의 금 주머니를 들고 땅으로 보내졌다. 그들은 잠자고 있는 한 남자를 둘러쌌는데, 천사들이 방에 들어올 때 그는 갑자기 잠에서 깨어났다. 그는 사업가였다. 그가 일어나 앉을 때, 천사들은 침대 위 그 사람 주위에 주머니들을 내려놓았다. 거룩한 고요함이 그 방을 채웠다. 천사들이 얼굴을 알 수 없는 그 사업가에게 뭔가를 말했지만 나는 그들이 말하는 것을 들을 수 없었다.

그 주머니들 중 하나를 붙잡자마자 그 남자는 즉시 발작에 걸린 것처럼 몸을 떨기 시작했다. 그 주머니에 있는 능력이 전류와 같았기 때문이다. 나는 안에 있는 것을 보고 싶었지만 또다시 허락되지 않았다. 그 남자는 주머니를 열기 시작했고, 안을 들여다보았을 때 노란색의 밝은 빛이 흘러나와 그의 얼굴을 밝게 비췄다.

그 순간이 너무 거룩했기 때문에 그 남자는 하나님께서 그를 불러서 하라고 하셨던 바로 그 일에 필요한 공급물자를 보았을 때 울기 시작했다. 하지만 그것은 단순한 공급물자가 아니었다. 그 재정들의 청지기 역할을 감당하는 데 필요한 전략과 깨달음까지 그의 마음에 새겨졌다. 그는 여러 해 동안 주님을 앙망해왔기 때문에 그런 엄청난 자금의 풀어짐과 관련하여 하나님에 대한 경외심을 느꼈다.

그 천사들은 자원하는 마음을 가진 준비된 그릇속에 엄청난 자금을 한 번 더 쏟아부을 때가 된 것을 기뻐하면서 그 사람 주위에서 찬양과 교제 가운데 노래하기 시작했다. 그 남자는 큰 기쁨으로 하염없이 울고 또 울었다. 단 한 순간에 자신에게 필요한 모든 것을 받았을 때, 실제적인 아무 증거도 없이 그토록 엄청난 목적을 감당해야 했던 부담감이 완전히 사라져버렸다.

그 사람의 경우에, 금은 자연적인 치유와 영적인 치유를 한지붕 아래서 일어나게 하려는 병원 프로젝트를 위해 풀어졌다. 그가 울고 있는 모습을 지켜보는 동안, 나는 그의 머리 속에 그런 프로젝트를 위한 청사진이 있음을 보았다. 그 바로 직후에, 그는 울면서 다시 누워서 하나님의 공급하심에 감사하고 있었다.

나는 그 환상이 하나님께서 지금 이 순간에 하기 원하시는 것을 묘사하는 것이라고 믿는다. 잠자고 있던 그 사람은 하나님이 주신 목적에 대해 잠들어 있는 많은 사람들을 의미했다. 그들은 우리 문화 속에 존재하는 세계관에 따라 사는 데 만족해 있다. 그들이 하나님이 풀어놓기를 갈망하시는 보물들에 대해 잠들어 있는 이유는 자신의 삶을 향한 하나님의 더 큰 목적으로 인해 힘을 얻지 못했기 때문이다.

천사들이 와서 그 남자의 침대에 금 주머니를 놓은 것은 친밀한 장소를 나타낸다. 마찬가지로, 다가오는 시대에 많은 자원들의 청지기 역할을 하도록 부름받은 자들에게 필요한 위대한 전략은 오직 친밀함 속에서 주님과 함께 시간을 보내는 데서만 나올 것이다. 그것은 그분 안에 거하는 것을 의미한다.

그 남자는 주머니를 움켜쥐었을 때 자신에게 너무나 고귀한 바로 그 목적을 성취하는 데 필요한 능력을 부여받았다. 마찬가지로, 이 땅에서 자신의 위치와 역할을 머리로 이해하고 있는 사람들은 많다. 하지만 그들에게 엄청난 능력이 부어지는 것은 일상적인 삶 속에서 하나님의 장엄하고 초자연적인 목적의 거룩함을 만질 때이다. 이것은 우리에게 성령님을 만나는 체험이 필요하다는 것을 의미한다. 그 남자가 주머니를 붙잡았을 때 계시가 임했고, 그는 진동했다.

그런 다음 그는 주머니를 들여다보았는데, 나는 그의 눈과 비전이 깨끗케 되었음을 알았다. 그 빛이 나에게는 눈을 멀게 할 것처럼 위협이 되었지만 그는 눈을 가리지 않았다. 왜냐하면 열린 계시의 눈으로 자신의 목적을 들여다볼 수 있도록 그는 깨끗해져 있었기 때문이다. 그에게 주어진 재정의 청지기 역할을 수행하기 위해서는 계시가 필요했다. 그 계시가 풀려나고 그것이 성령의 능력 및 하나님의 사랑과 연결되었을 때 그는 자신의 목적을 이루는 데 필요한 준비를 갖추게 되었다.

잠겨진 문과 열쇠의 풀려남

그 환상은 또 다시 바뀌었고, 이 세 번째 환상에서 나는 피부색이 검은 천사가 로스앤젤레스처럼 보이는 곳의 도심부로 들어가는 것을 보았다.

그 천사 앞에는 천국 열쇠들 중 하나가 바람에 흔들리고 있었다. 그 천사는 그 열쇠를 따라가고 있는 것처럼 보였는데, 그 열쇠는 하나님의 목적에 따라 미디어에 필요한 재정을 풀어놓는 열쇠였다.

그 열쇠가 바람으로 인해 흔들릴 때, 나는 그것이 문들을 열 것으로 기대했지만 그것은 한 남자의 손으로 날아 들어갔다. 그 천사도 놀란 것처럼 보였는데, 그것은 그가 그 남자와 거의 부딪힐뻔했기 때문이었다.

그 남자는 주님으로부터 받기를 기다리면서 손을 들고 있었는데, 자기 앞에 여러 개의 열린 문들이 있었음에도 불구하고 중앙의 닫혀 있는 한 문에 초점을 맞추고 있었다. 그 문은 그냥 닫혀 있는 것이 아니라 잠겨 있었지만 가장 중요한 문인 것처럼 보였다. 그 기회 속으로 들어갈 다른 길이 없었기 때문이다. 나는 잠겨진 그 문이 가장 값비싼 문이며, 그 남자가 다른 어떤 것보다 더 원하고 있던 문임을 깨달았다. 다른 문들은 쉽게 들어갈 수 있었고 많은 사람들이 그 문들을 통과해 들어갔지만, 그 남자는 잠겨진 그 문을 통해 들어가고 싶어했는데, 그것은 전에 그 문을 통해 들어간 사람이 아무도 없었기 때문이었다.

그가 주님께 한 번 더 부르짖고 있던 바로 그때 그 열쇠가 그의 손으로 떨어졌다. 갑자기 그는 때가 되었음을 알았다. 그는 열쇠를 내려다본 다음 의자에서 벌떡 일어났다. 그는 갈망이 너무 컸기 때문에 잠겨진 그 문을 전력을 다해 맹렬하게 돌파해 지나갔다.

그의 행동은 내 곁에 서 있던 천사를 감동시켰다. 그 천사는 또 다른 선택된 그릇이 하나님으로부터 주어진 것을 취하여 최대한으로 사용하는 모습을 보면서 경배하기 시작했다. 그 남자는 신성한 기름부음의 계절 속으로 들어가려 하고 있었으며, 그 계절 속에 들어서면 그가 손을 대는 모든 것이 빛나는 금으로, 즉 이전의 환상에서 나의 보는 것이 허락되지 않았던 바로 그 빛나는 금으로 바뀌게 될 것이다.

나는 그 사람이 빠른 이득을 가져다주는 쉬운 프로젝트들을 맡는 등의 타협을 하지 않은 많은 이들을 대표한다는 것을 알았다. 그 사람은 대가를 지불한 사람이었다. 그는 하나님의 약속들을 풀려나게 하는 열쇠들을 받고자 날마다 하나님을 앙망했다. 하나님과의 깊은 친밀감을 키워가면서, 그 남자는 다윗처럼 손을 들고 하나님을 기다렸다.

> 내가 주의 성소를 향하여
> 나의 손을 들고
> 주께 부르짖을 때에
> 나의 간구하는 소리를 들으소서
>
> 시편 28:2

하나님은 다른 사람들이 문을 열어주기를 기대하지 않고 그분을 의지하는 사람들을 찾고 계신다. 그분은 모든 열쇠의 주인되신 분과의 열린 문 체험을 간절히 기다리는 자들을 찾고 계신다. 시편 기자의 글과 같이, 그런 사람들은 오직 그분만을 바라는 자들이다.

> 내가 산을 향하여 눈을 들리라
> 나의 도움이 어디서 올꼬
> 나의 도움이 천지를 지으신
> 여호와에게서로다

여호와께서 너로 실족지 않게 하시며

너를 지키시는 자가 졸지 아니하시리로다

이스라엘을 지키시는 자는

졸지도 아니하고 주무시지도 아니하시리로다

여호와는 너를 지키시는 자라

여호와께서 네 우편에서 네 그늘이 되시나니

낮의 해가 너를 상치 아니하며

밤의 달도 너를 해치 아니하리로다

여호와께서 너를 지켜

모든 환난을 면케 하시며

또 네 영혼을 지키시리로다

여호와께서 너의 출입을

지금부터 영원까지 지키시리로다

시편 121편

　지금 하나님은 그분의 갈망을 온전히 전달할 사람들을 일으키고 계신다. 그들은 자신이 투자하는 모든 것이 번창할 것이라는 희망과 예수님께 그분의 위대한 유업을 돌려드리려는 목표를 가지고 믿음으로 뛰어오를 것이다. 상상할 수 있는 모든 세속적인 직업과 교회사역 속에서 하나님의 기름부음을 받은 수많은 남녀들은 하나님의 갈망을 자신의 직업 속으로 옮겨가는 문제와 관련하여 하늘로부터 전략을 얻게 될 것이다.

건축을 위한 솔로몬의 열망

그 특별한 환상의 계절 동안에, 나는 솔로몬의 생애에 관해 읽기 위해 성경을 펼쳤다. 그때 나는 그 위대한 왕의 역할에 대한 나의 이해에 신적인 조명을 가져다준 초자연적인 체험을 하게 되었다. 마치 성령께서 구약성경인 열왕기상하와 역대상하를 나에게 읽어주시는 것 같았다. 나는 솔로몬에 관한 여러 가지 생각들을 깊이 묵상하기 시작했는데, 그 생각들은 오직 하나님만이 내 마음 속에 주실 수 있는 것이었다.

나는 솔로몬 왕이 황금의 접촉이라 할 수 있는 하늘의 은총과 더불어 성령의 강력한 나타나심 안에서 행하는 것을 보았다. 솔로몬이 성전을 지었을 때 하나님은 그것이 하늘과 땅의 일치됨이 가장 놀랍게 풀려난 증거물이 되기를 원하셨다. 하나님께서 땅에 거할 곳을 갈망하셨는데, 이제 인간이 하나님을 위해 성소를 짓기를 갈망했던 것이다.

역대하 2장 5절에 언급된 솔로몬의 갈망 때문에 하나님은 자원의 천사들을 시켜 솔로몬에게 그 시대에 가장 이름난 재료들을 공급하게 하셨다. 예를 들면, 레바논의 백향목, 보석들, 바르와임의 순금, 얼마나 사용됐는지 아무도 능히 헤아릴 수 없었던 엄청나게 많은 청동, 지성소의 휘장을 만드는 홍색실, 당시에 지구상에 알려진 가장 뛰어난 장인들과 건축가들 등이었다! 이것이 바로 하늘의 자원들을 하나님께서 풀어놓아 주실 때의 모습이다. 나는 우리 시대에 하나님이 땅에서 그분의 목적을 성취하시기 위해 인간에게 알려진 가장 좋은 자원들을 풀어놓으실 것이라고 믿는다. 결과적으로 우리는 하늘과 땅 사이에 불꽃이 튀는 것처럼 놀라운 일치를 보게 될 것이며 그로 말미암아 솔로몬의 성전은 우리 시대와 비교하면 희미한 거울에 지나지 않게 될 것이다.

요한복음 2장 10절에서와 마찬가지로, 아버지께서는 마지막 때를 위해 가장 좋은 포도주를 아껴 놓으셨다. 그래서 우리는 하나님께서 이땅에 천국을 가장 강렬하게 나타내시는 일을 위해 사용하실 세대를 이제 막 목격하려는 순간에 와 있다. 우리 가운데 계시는 동안, 예수님은 천국이 땅에 임하도록 기도하라고(눅 11:2) 우리에게 가르치셨는데, 그 이유는 그것이 이 세대의 마지막이 오기 전 하나님의 간절한 열망이기 때문이다.

솔로몬은 하늘과 일치하여 성전을 건축했다. 그는 하나님의 은총을 얻었고, 그 결과 이전의 어떤 사람보다 더 많은 부에 대한 청지기 직분을 갖게 되었다. 하나님의 은총 때문에 솔로몬은 "부와 지혜가 땅의 모든 왕들보다 더 크게 되었다"(왕상 10:23).

하나님께서 인간에게 투자하실 때는 항상 마음 속에 가장 고귀한 의도들을 품고 계신다. 하나님께서 솔로몬에게 아무것도 아끼지 않으셨던 것처럼, 예수님의 모든 소유를 그분께 드리기를 갈망하는 세대에게도 아무것도 아끼지 않으실 것이다!

영적인 목적을 위해 할당된 땅의 부(富)는 하늘의 목표들과 영원세계의 순서도에 자신을 맞추는 자들에게 분배될 것이다. 그 부(富)는 땅에서 자기 자신의 성공을 추구하면서 적은 비율의 십일조를 드리는 자들에게는 맡겨지지 않을 것이다. 오히려 그것은 예수님의 발에 기름붓고자 자신의 값비싼 나드 향유를 쏟아붓고, 그 발을 자신의 머리(자신의 영광)로 씻기면서 희생적으로 살고자 하는 자들과 마지막 남은 적은 돈을 성전의 헌금으로 바치고자 하는 자들에게 주어질 것이다.

성령께서 예수님께 충만한 보상을 드리려는 열정에 사로잡힌 자들에게 문들을 여는 데 필요한 열쇠들을 보내실 것이다. 그분은 좁은 길을 걷는 자들에게 상주시는 분이기 때문이다. 그 좁은 길에는 이기적인 유익을 위한 어떤 동기도 존재할 수 없다. 오직 놀랍고 사랑스러운 신랑을 위해 신부를 준비시키려는 갈망만이 가득할 뿐이다.

Chapter 4

열린 하늘

· · · · · 사람마다 두려워하는데

사도들로 인하여

기사와 표적이 많이 나타나니

믿는 사람이 다 함께 있어

모든 물건을 서로 통용하고

또 재산과 소유를 팔아

각 사람의 필요를 따라 나눠 주고

사도행전 2:43-45 · · · · ·

이런 일련의 환상들 후에, 재정장관 천사는 위쪽을 바라보았다. 내가 그의 눈길을 따라갈 때, 그는 위로 날아올라 방 밖으로 나갔다. 내 침실 천정이 사라져버렸고 하늘이 내 위로 열렸다. 열린 하늘을 들여다보았을 때, 나는 놀라운 환상들을 보았다. 나는 아들에 대한 아버지의 갈망에 따라 하늘을 추구하는 모든 이들이 하늘이 열리는 것을 보기 위해 부르짖어야 한다고 믿는다. 우리의 영적인 깨달음은 우리가 그곳에서 보는 것으로 인해 확장될 것이다.

세례 요한

나는 세례 요한이 하늘의 입구에 서 있는 것을 보았다. 내가 그와 대화한 것은 아니었지만 그가 설교하는 모습은 볼 수 있었다. 마치 그는 아직까지 땅에 있으면서 "그는 흥하여야 하겠고 나는 쇠하여야 하리라"는 요한복음 3장 30절의 마음을 표현하고 있는 것 같았다. 요한은 겸손하고 낮은 자들에 관해 설교했다. 그는 큰 소리로 이렇게 선포했다.

"하나님은 인간적인 계획의 지도에는 나타나지도 않지만 자신을 낮추는 자들을 취하실 것이며 그들을 하나님 나라 활동의 중심에 두실 것이다."

하나님은 세상 체제의 확고한 질서 가운데 있는 것들을 몰아내고 폐기시키기 위해 어리석은 것들, 즉 하늘에 계신 그분의 마음에 합당한 이 세상의 겸손한 남녀들을 사용하실 것이다.

하나님은 그분 자신께 속한 모든 것을 유업으로 얻으시기 위해 우리를 세상의 중심에 세우시면서 우리에게 엄청난 대가를 지불하라고 초청하고 계신다.

> 그러나 하나님께서
>
> 세상의 미련한 것들을 택하사
>
> 지혜 있는 자들을 부끄럽게 하려 하시고
>
> 세상의 약한 것들을 택하사
>
> 강한 것들을 부끄럽게 하려 하시며
>
> 하나님께서 세상의 천한 것들과
>
> 멸시받는 것들과 없는 것들을 택하사
>
> 있는 것들을 폐하려 하시나니
>
> 이는 아무 육체라도
>
> 하나님 앞에서 자랑하지 못하게 하려 하심이라
>
> 고린도전서 1:27-29

역사를 통틀어서, 하나님은 그분의 일을 성취하시기 위해 성공할 것 같지 않은 사람들을 많이 일으키셨다. 그리고 그런 그분의 방식은 오늘날에도 바뀌지 않았다. 그분은 이미 권위의 자리에 있는 자들을 찾지 않으신다. 또한 그분에게는 그분의 선택을 인정해줄 사람도 필요없다.

유명하고 영향력있는 사람들이 구원을 받고 사역에 뛰어들기를 갈망하는 사람들은 하나님이 우리 세대에 일하고자 하시는 방법을 올바로 이해하지 못하고 있는 사람들이다. 그런가하면 또 어떤 이들은 부유한 기업주들이 구원을 받고 그들의 부를 나눠주기를 바라기도 한다. 그렇지만 그런 식으로 생각하는 사람들은 하나님이 역사하시는 방법을 완전히 잘못 알고 있는 것이다.

다가오는 시대에, 성령님은 긴급한 추수의 일에 참여하는 많은 사람들을 사용하시겠지만, 또한 하나님은 현재 그분의 신성한 목적과 교감을 갖고 있는 많은 신자들을 사용하시기를 갈망하신다. 그리고 또한 그들을 무장시켜 땅의 모든 산업들의 중심으로 침투해 들어가게 한 다음 거기에서 하나님의 창조적인 능력을 나타내게 하기를 갈망하신다.

하나님께서는 교회 가운데서 이기적인 마음을 가지고 유명인사들이 구원받기를 원하는 많은 이들은 그분의 길을 제대로 이해하지 못하고 있다고 나에게 보여주셨다. 그런 사람들은 육감적인 록 스타인 브리트니 스피어스(Britney Spears)가 구원을 받아 자기 자녀들에게 경건한 역할 모델이 되게 해 주시라고 기도한다. 하지만 그런 자기 본위적 갈망의 배후 원리를 잠언에서 찾아 볼 수 있다.

> 악인은 불의의 이를 탐하나
> 의인은 그 뿌리로 말미암아 결실하느니라
>
> 잠언 12:12

하나님은 그분의 숨겨진 자들, 즉 하나님의 사랑에 뿌리가 박히고 터가 굳어진 사람들을 선두에 세우기를 갈망하신다. 그분은 그들을 통해 부를 창출하기 원하신다. 하나님은 자신의 영원한 목적을 성취하는 일에 왕들의 부나 은총을 필요로 하지 않으신다. 하나님은 연약하고 비천한 자들을 통해 역사하시기를 기뻐하신다.

하나님의 사랑 속에 확고하게 심겨진 신자들은 불의한 자들의 소유를 약탈하기를 원치 않을뿐더러, 몇몇 유명인사들이 재물을 얻기 위해 팔아넘긴 능력들과 재능들을 탐내지도 않는다. 오히려 그들은 예수님의 유업이 그분께 돌아가도록 하기 위해 세상의 부를 갈망한다. 우리가 천국의 창조적인 영을 통해 이땅에 새로운 하나님 나라의 표현이 생겨나기를 사모하고 그래서 어떤 세상의 산업이나 지위도 모방하기를 추구하지 않을 때 세상의 재물에 대한 갈망은 정화된다.

하나님은 현재의 유대-기독교 문화를 인간의 산업들 속으로 가져가기를 원치 않으신다. 그분이 실제로 원하시는 것은 대항문화, 즉 보다 높은 영적 가치체계를 따라 만들어진 새로운 모델을 그런 산업들 속으로 가져가는 것이다. 그런 천국의 유형이 세상 속으로 침투해 들어갈 것이다!

영적인 열매

세례 요한은 설교를 끝마친 후 사라졌다. 계속해서 하늘을 들여다보고 있을 때, 나는 많은 보물들이 의로우신 그분을 위해 쌓여 있는 것을 보았다. 모든 종류의 보물들이 있었는데, 그것은 모두 예수님을 위한 것이었다. 그것이 진열되어 있었다.

천국을 들여다보았을 때, 나는 다가올 세대를 들여다보고 있다는 것을 깨달았다. 마치 예수님이 이미 자신의 모든 목적을 성취하시고 재림하신 것처럼 보였다. 갑자기 나는 천국의 어떤 보물창고에 서 있었는데, 거기에는 땅에서 사용되었던 자원들이 우리의 영원한 유업으로 쌓여 있었다.

그때 그 보물들은 포도나무가 되었고, 나는 천국에 있는 감미로운 포도원을 내려다보고 있었다. 나는 그 보물들과 자원들이 영원한 열매라는 것을 알았다. 그것은 예수님과 그의 신부 사이에 새로운 교제의 포도주를 만들어내는 포도원이었다. 땅에서 예수님의 목적에 투자되었던 모든 자원이 천국에서 우리를 위해 영적인 열매를 키워냈다. 이 열매는 우리가 증거하는 예수님을 향한 사랑의 간증에 우리를 접합시키는 데 도움이 되었다.

사도적인 재정

천국에 서 있을 때, 나는 인간의 방법으로는 도저히 충분하게 묘사할 수 없는 신성하고 보배로운 멜로디를 듣기 시작했다. 한 천사가 가장 활기차고 선명한 가락으로 노래하고 있었다. 온전하지는 않지만 그의 노래를 해석하면 다음과 같았다.

"이것은 사도적인 재정이라.
그들이 세운 것은 결코 무너질 수 없으리.

자연적인 것들은 사라질지라도
그 열매는 영원무궁토록 남으리라.

땅에서의 의로운 행실에 대한
우리의 간증의 열매로부터
천국이 만들어내는 교제의 포도주를 우리는 마시리.

우리가 지음받은 목적을 어찌 다 깨달을 수 있으랴.
그분은 공평하셔서 우리의 모든 희생과 모든 순종을

자신의 자비로운 사랑으로 갚아 주시리라.

그의 자비는 영원하시도다!"

그곳의 공기를 가득 채우는 사랑스런 향기와 이 노래가 나의 영 안으로 스며들었다.

새로 만든 천국의 옷

내가 그것들을 보고 놀라고 있을 때, 재정장관 천사가 하늘의 문으로부터 나타나 나를 지나쳐 날아갔다. 나는 그를 따라갈까 생각하다가 그냥 그가 간 곳을 지켜보았다. 그는 지구로 향하고 있었다.

그는 한 사업가의 방에 들러 내가 경험하고 있는 것과 거의 비슷한 천상의 체험으로 그를 초청했다. 나는 그 사업가가 자신의 영원한 부르심을 받는 모습을 지켜보았는데, 그것이 그의 생각과 영과 감정 속에 전해졌고, 그 결과 그는 신성한 목적의 옷을 영원히 입게 되었다. 천사들이 하늘의 네 모퉁이에서 도착하여 그에게 새로 만든 천국의 옷을 주기 시작했다.

성형외과 의사라도 그 사람의 영에 일어난 대로 할 수는 없었을 것이다. 그는 하나님의 영광으로 변화되어, 요한계시록 19장 5-8절에 묘사된 대로, 신부의 목적을 붙잡도록 준비되어졌다. 요한계시록에서 신부는 성도들의 의로운 행실을 나타내는 고운 세마포옷으로 자신을 단장했다.

그 사업가가 순종의 대가를 지불하고 의로운 행실을 통해 천국과 동역할 수 있도록 준비시키기 위해 천사들이 파송되었다. 너무나 소란스런 활동이 그의 내부와 주변에서 일어나고 있어서 나는 잠시 동안 그를 거의 볼 수 없었다. 나는 영원한 영광으로 "옷 입기를 갈망하는" 것(고후 5:1-5)에 대해 기록했던 바울을 생각하기 시작했다. 나는 우리가 하늘의 거처로 옷 입기를 갈망하는 한 비록 믿음으로 하지만 실제로 그렇게 옷을 입게 된다는 것을 깨달았다.

천사들은 그 사람을 마지막으로 만진 후 뒤로 물러났다. 그러자 천상의 빛이 천국의 높은 곳으로부터 그 사람 위로 쏟아져 내렸다. 놀랍게도, 그는 이제 다름 아닌 재정장관 천사를 닮아 있었다! 하나님께서 그를 얼마나 아름답게 단장하셨길래 하나님 자신의 가장 훌륭한 속성들을 비춰내는 천사들을 닮게 하신단 말인가! 그 사람은 자신의 사업을 통해 천국과 동역하고 있었을 뿐만 아니라, 바로 그 동역을 위해 하나님의 덕과 속성들까지 나타내고 있었다. 그는 천국의 신성한 질서를 열심히 따르고 있었다!

갑자기 나는 다른 많은 사람들이 그와 똑같은 종류의 준비과정을 통과하는 것을 보았다. 내가 앞의 환상에서 본 모습 그대로 사람들이 돈과 자원들을 받기 시작했다. 그렇지만 이번에는 돈을 받는 사람들이 재정장관 천사의 명령을 듣고 움직이는 자원 천사들의 모습을 하고 있었다. 방금 전에 언급했던 사업가처럼, 몇 사람은 심지어 재정장관 천사처럼 보이기까지 했다. 인간이 예수님을 닮은 천상의 무리들처럼 보인다는 것은 얼마나 영광스런 모습인지 모른다.

나는 가슴 속에 집어넣어진 열쇠들이 주는 이상한 느낌과 함께 그 환상에서 빠져나왔다. 아직까지도 차가운 금속이 내 안에 있다는 것을 느낄 수 있었다.

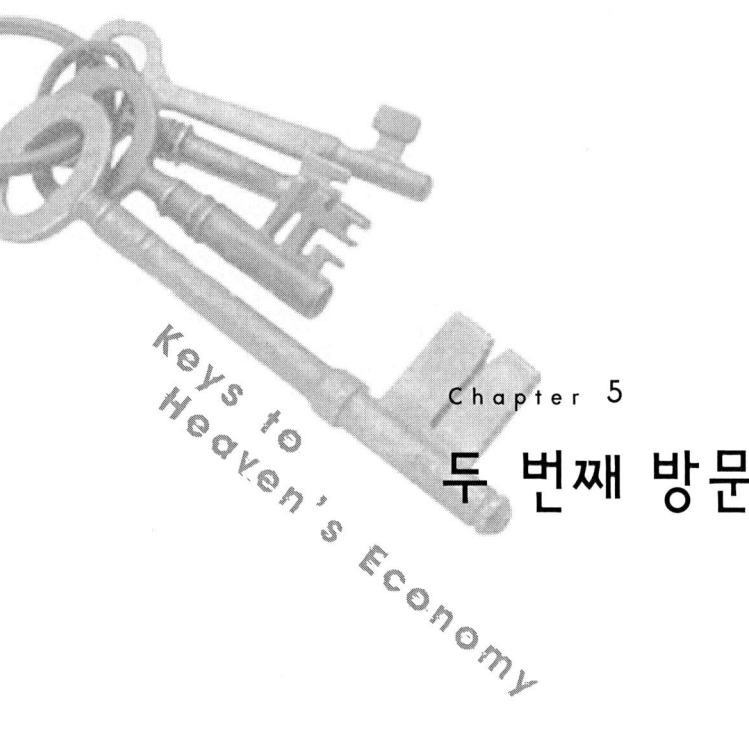

Chapter 5

두 번째 방문

..... 나는

의로운 길로 행하며

공평한 길 가운데로 다니나니

이는

나를 사랑하는 자로

재물을 얻어서

그 곳간에

채우게 하려 함이니라.

잠언 8:20-21 ■ ■ ■ ■ ■

2002년 8월 20일에 나는 사역을 잠깐 쉬면서 절실히 필요했던 휴식을 취하기 위해 몇몇 친구들과 함께 위스컨신주(州)의 호숫가에 있는 그들의 집에 머무르고 있었다. 어느 날 이른 아침 해 뜨기 전에, 나는 환상에 사로잡혀 재정장관 천사를 다시 한 번 만나게 되었다. 내가 대답하거나 반응을 보이기도 전에 그가 말했다.

"주님께서, 주님께서 땅에 있는 우리들에게 특별한 돈들을 심는 일을 위임하셨습니다. 그것은 땅 위에서 예수님의 아름다움을 드러낼 프로젝트들을 실행하기 위한 것입니다. 당신은 주님의 말씀을 선포해야 합니다."

첫 번째 방문때와 마찬가지로, 재정장관 천사의 음성은 많은 선율을 전달하는 나팔소리 같았다. 그 음성에는 또한 나의 영 안으로 직접 뚫고 들어오는 이상한 곡조까지 담겨 있었다. 그의 메시지는 마치 노래를 듣는 것 같았다. 하나님께서 이미 사람들의 마음 속에 주입해 넣으신 프로젝트들과 산업들을 위해 재정을 풀어놓는 권세가 그 천사에게 주어져 있다는 것이 생각났다.

관계의 네트워크

그때 나는 또 다른 환상 가운데 들어가서 큰 그물들이 지리적으로 여러 지역들에 걸쳐 있는 것을 보았다. 각 그물은 한 명의 신자나 한 무리의 신자들을 나타내는 개별적인 빛의 점들에서부터 시작되었다. 그들은 세속적인 무대에서 보다 큰 목적을 수행하도록 부르심을 받은 자들이었다.

빛들 사이의 연결고리들은 의도적이고 관계적인 접속점이었다. 어떤 연결고리들은 하나님의 목적을 수반하는 확고한 우정관계를 의미했다. 다른 연결고리들은 내가 지켜보고 있는 동안 그려지고 있었는데, 수십만개의 선들이 단 몇 분 사이에 그려졌다.

그것을 보고 있을 때, 짧은 시간에 일어나는 극적인 변화에 대한 이사야의 예언이 생각났다.

> 시온은 구로하기 전에 생산하며
> 고통을 당하기 전에 남자를 낳았으니
> 이러한 일을 들은 자가 누구이며
> 이러한 일을 본 자가 누구이뇨
> 나라가 어찌 하루에 생기겠으며
> 민족이 어찌 순식간에 나겠느냐
> 그러나 시온은 구로하는 즉시에
> 그 자민을 순산하였도다.
>
> 이사야 66:7-8

하나님께서 이제 곧 지구 전역에서 놀라울 정도로 짧은 시기에 그분 자신의 통치를 출산하실 것이다. 그런 갑작스런 출현은 하나님께서 지혜 있는 자들의 지혜를 혼미케 하시기 위해 드러내기 원하시는 하나님 나라의 초자연적인 속성에 대한 증거들 중 하나가 될 것이다.

하얀 선들로 표현된 사람들의 네트워크에서 나는 미래적인 기회의 문들이 하나님에 의한 만남과 목적이 있는 인간관계에 충실한 사람들을 위해 생겨나고 있는 것을 보았다.

나는 어느 순간에 하나님께서 관계의 네트워크들 전부를 거둬들여 신적인 공급과 목적을 수행할 거룩한 그물들로 만들기 시작하실 것이라고 믿는다. 내가 본 그물은 하나님의 열정으로 수백만 명의 마음을 사로잡는 도구였다.

많은 사람들이 하나님에 의해, 그리고 하나님의 목적을 위해 지구 전역에서 다른 사람들과 연결되는 영적 여정 가운데 있어왔다. 그 환상에서, 나는 그 영역에 배치된 천사들이 그런 바람직한 결과를 끌어내기 위해 어떤 도움을 제공하는지 보고 있었다.

자원 천사들이 한 사람(혹은 그룹)을 다른 사람과 연결시킬때, 재정장관은 서로 다른 사람들의 머리 위로 예수님의 금을 뿌리기 시작했다. 예수님의 금은 그것이 거기 있는지 전혀 알지 못하는 사람들 위에 머물러 있었다. 그 사람들이 하늘에 있는 하나님의 뜻이 땅에서도 실현되도록 중보하며 하늘로 손을 뻗을 때, 그 금이 그들 위로 내려올 것이다. 마치 그들은 천국에서 곧바로 내려와서 문제를 해결해주는 "파쇄기의 기름부음"을 받은 것 같았다. 그런 기름부음은 영적인 영역에서 그들 위에 뿌려진 것을 그들이 받을 수 있도록 자연적인 영역에 나타나게 하는 것이다. 그들은 믿음의 손을 머리 위로 뻗어 거기 머물고 있던 하나님의 자원들을 붙잡았다.

바로 지금 너무나 많은 사람들이 하나님의 목적을 잉태하고 있으면서도 그것을 전혀 알지 못하고 있다. 현재 서구 세계는 비유적으로 말해서 마지막 달에 출산하기를 기다리고 있는 여인과 같은 신적인 좌절을 경험하고 있다. 우리는 하나님께서 우리의 자궁에 있는 열매를 분만시켜주실 만큼 너무나 신실하신 분임을 기억해야 한다.

> 여호와께서 가라사대
> "내가 임산케 하였은즉 해산케 아니하겠느냐?"
> 네 하나님이 가라사대
> "나는 해산케 하는 자인즉 어찌 태를 닫겠느냐?" 하시니라
>
> 이사야 66:9

하나님은 우리의 영적 존재 안에 착상케 하신 모든 것을 출산케 하실 것이다. 그분은 신실하신 분이다.

우리는 그런 출산이 너무나 갑작스런 기름부음으로 일어나 세계를 깜짝 놀라게 할 계절로 접어들고 있다. 이 과정은 이제 곧 몇 가지 징표를 나타낼 것이며, 우리 세대 전체가 부르짖을 때까지 계속적으로 펼쳐지게 될 것이다.

> 여호와께서 땅 끝까지 반포하시되
> "너희는 딸 시온에게 이르라
> '보라 네 구원이 임하느니라!
> 보라 상급이 그에게 있고
> 보응이 그 앞에 있느니라.'"
> 하셨느니라
>
> 이사야 62:11

고귀한 목적을 가지고 파송되다

재정장관 천사는 나와 이야기하면서 예수님께서 한 세대에 세상을 유업으로 받으시도록 하기 위해 사람들이 하나님 나라의 목적을 가지고 땅의 모든 분야와 모든 문화 속으로 보내질 것이라고 설명하기 시작했다. 그는 이렇게 설명했다.

"하나님의 계획은 사업과 인터넷, 멀티미디어, 연예계, 정치, 교육, 의학분야, 환경, 과학, 음악, 그리고 군대에서 사람들을 사용하시는 것입니다. 하나님의 목적을 지닌 겸손한 자들이 모든 형태의 인간 활동 속에 실제로 침투하게 될 것입니다.

오중사역은 주님을 따르는 자들이 거주하는 세상의 모든 영역과 모든 범주를 위한 것입니다. 그것은 인간이 고안한 구조물에 제한받지 않고 성령께서 거주하시는 곳이면 어디든지 갑니다. 오중사역의 열매는 영원하며 오중적인 통치는 그분의 신부가 기대하고 믿는 세상적인 사고방식을 훨씬 뛰어넘습니다."

재정장관 천사는 대단한 애정을 가지고 신부에 대해 언급했다. 그는 우리를 꾸짖고 있지도 않았고 감정이 상한 것 같지도 않았다. 오히려, 그는 신부를 영원한 목적으로 데려가기 위해 지금 막 전개되려고 하는 천상의 계시로 인해 가슴이 벅찼다.

그런 다음 재정장관 천사가 나의 머리를 만졌으며, 나는 사도적인 지도자들이 연예산업에, 복음전도적인 지도자들이 정치계에, 목회적인 지도자들이 교육계에, 예언 사역자들이 과학계에, 교사들이 예술계 등에 있게 될 것임을 깨달았다. 다시 말해서, 하나님 나라를 세우기 위한 역할들은 전통적인 서구 교회의 형식에 제한받지 않고 사회의 모든 영역에서도 하나님 나라를 세워가게 될 것이다.

사도가 이 땅에서 성령의 활동을 결정하고 관리하는 일을 도움으로 하나님의 나라를 세우는 사람이라면 왜 그 역할을 전통적인 회중의 벽 안에 있는 교회사역의 위치에만 제한하려고 하는가? 실례로, 전통적이지 않은 사역의 위치에서 사도적 건축가의 역할을 수행하고 있는 한 친구가 있는데, 그는 사도적 부르심을 가지고 연예산업 속에 하나님 나라의 가치들을 세워가기 시작했다. 그는 지금 비전과 재정으로 젊은 영화제작 회사들을 지원하면서 기도와 성경공부 및 복음전도로 그들을 헐리우드에 심고 있다.

그는 이제 막 등장하려고 하는 연예인들의 세대에게 아버지 역할을 감당하고 있다. 기사와 이적과 아버지의 마음으로 그는 하나님 나라의 명령을 사업의 영역 속에 세워가고 있다. 즉 그곳이 그의 회중이 된 것이다. 하나님 나라는 지금 불처럼 확산되고 있다.

주님을 아는 모든 자에게 가장 높은 부르심은 예수님께 속한 모든 것을 그분께 돌려드리는 것이다. 그것은 교회사역 단체들과 조직들이 후원하는 종교적인 활동들 속에서 시간을 보내는 것에 국한되지 않는다.

비록 그런 활동들이 가치 있는 것이긴 하지만 우리는 어떤 영역에서의 부르심이든지 똑같은 가치를 부여해야 한다. 거기에는 기회가 주어지는 모든 곳에서 하나님의 통치 영역을 확장시키면서 모든 백성, 모든 민족, 모든 족속, 그리고 모든 방언 가운데 하나님의 성전을 세우는 일이 포함된다.

오중사역과 새로운 가죽부대

나는 그때 거대한 모피처럼 생긴 아주 새롭고 갓 만들어진 가죽을 보았다. 나는 그것이 새로운 가죽부대의 그림임을 알았다(마 9:17). 그것은 연분홍색의 신선하고 살아 있는 가죽이었으며, 죽어 있고 메마른 조직들 대신 사람들로 만들어져 있었다.

그리스도의 몸에 맞는 새로운 가죽부대가 오중사역에 대한 그런 혁명적인 이해로부터 출산될 것이다. 이 새로운 가죽부대는 세속적인 영역에서 충만한 권위를 나타내기 시작함으로 하나님 나라의 확장을 촉진하게 될 것인데, 지금까지 우리가 본 어떤 것과도 다를 것이다.

현재 교회 안에서 세속적인 활동과 사역적인 활동을 구분하는 거대하고 확고한 벽은 그 둘 사이에서 상승작용을 일으키는 흐름으로 변화될 것이다. 세속적인 활동과 사역적인 활동은 각각 올바른 방향을 찾아가는 과정에서 서로를 의존하게 될 것이다. 그 천사의 말은 계속되었다.

"세속적인 사업과 재정의 위치에 있는 자들은 사역의 위치에 있는 자들의 짝이 아닙니다. 그들은 두 개의 정체성을 가지고 하나가 되기 위해 결혼(결합)해야 하는 것이 아니라 이미 완전히 똑같은 하나입니다. 예수님이 그들의 짝이십니다. 그들은 하나로서 예수님과 결혼해야 합니다."

그 천사는 이해하기 어려운 진리를 설명하고 있었다. 그가 이야기할 때, 나는 세속적인 역할과 사역적인 역할의 분리와 관련하여 교회 안에 얼마나 심각한 혼란이 있어왔는지 깨닫게 되었다. 어떤 지도자들은 '왕과 제사장' 신학에 따라 역할들의 차이점을 강조함으로써 그 둘 사이의 연합을 일으키려고 시도해왔다. 그들은 사역을 제사장의 활동에 연결시키고 세속적인 직업을 왕의 활동에 연결시켰는데, 그렇게 하면 아마 그 둘이 좀 더 상호의존적인 것처럼 보이기는 할 것이다. 거기에는 핵심적인 진리가 포함되어 있지만, 그런 가르침은 분리를 조장할 수 있고 어느 한 쪽에 너무 많은 통제권을 넘겨줄 수도 있다.

재정장관 천사는 천국이 인간의 여러 역할들을 한 몸의 동등한 지체들로 바라본다는 것을 분명히 했다. 즉 우리가 서로와 결혼(결합)한 상태라고 생각해서는 안된다는 것이다. 우리는 이미 한 몸이기 때문이다. 함께 우리는 예수님과 결혼하기 위해 준비되고 있다.

히브리적 사고방식

신자들은 자기 삶의 역할들을 하나로 통합시키려고 몸부림치는 경향이 있다. 일반적으로 우리는 삶의 모든 영역에서 똑같은 하나님 나라의 사고방식으로 살아가는 법을 알지 못한다. 세속적인 직업에서 우리의 정체성이 하나님을 위한 우리의 사역과 일치하지 않는다면, 각각의 영역에서 우리가 일상적인 활동에 접근하는 방식은 하나로 통합되지 못하고 여러 가지로 분산되고 만다. 우리의 삶을 여러 가지로 구분함으로 인해 우리는 영적인 핵심이라고 할 수 있는, 하나님을 의존하는 마음으로부터 살아가지 못하게 된다.

자기 자신 또는 공동체의 다른 구성원들과 분리되지 않으면서 살아가는 법에 대해 하나님은 히브리 문화에 너무나 완전한 진리를 부여해 주셨다. 히브리적 사고방식은 삶의 한 영역을 다른 영역과 분리하거나 구분하지 않았다. 사실 히브리 문화는 가장 통합적인 생활방식을 가르쳤고 어떤 유대 집단에서는 지금도 그렇게 가르친다. 그런 생활방식 속에서는 삶의 모든 것이 함께 연결되며 함께 흘러가게 된다.

반면에 서구 세계 전체가 받아들인 헬라적 사고방식은 실제로 우리에게 각각 서로 다른 활동에 아주 신중한 태도로 참여하라고 말한다. 그것은 단순히 히브리적 사고방식과 배치되는 처리방식 및 사고방식에 그치는 것이 아니라 사실은, 하나님이 우리에게 행동하고 생각하고 삶으로 나타내라고 의도하신, 길과 진리와 생명에 반대되는 것이다.

헬라적 사고방식에서는 전화 통화를 할 경우 자녀들과 대화할 때와는 전혀 다른 '성격'을 띠는 경우가 흔히 있다. 혹은 사업에 대해서는 전략적인 사고방식을 가지지만 가족간의 관계에 대해서는 어떻게 그런 전략을 가져야 하는지 모르는 경우도 있다.

그렇지만 히브리 문화에서는 일련의 원칙들을 배우게 되면 서로 다른 역할들과 관계들에 맞도록 그 원칙들을 분산시키는 것이 아니라 삶의 모든 현장에 적용한다. 따라서 성경공부가 더욱더 중요한 이유는 그것이 우리에게 히브리적 사고방식을 훈련시켜 주기 때문이다.

그러나 천국의 사고방식이 자연적인 삶의 현장 속에 확장될 수 있으려면 먼저 하나님의 고귀한 목적들을 하나로 통합할 수 있도록 우리의 영이 확장되어야만 한다. 고린도전서 2장 16절은 우리가 "그리스도의 마음"을 가질 수 있다고 말씀한다. 하나님은 만연된 헬라적 사고방식을 기꺼이 버리고자 하는 사람들을 찾고 계신다. 그분의 갈망은 우리가 우리의 마음을 그분의 고귀한 목적과 일치시켜 우리의 높은 부르심에 도달할 수 있을 만큼 온전해지는 것이다.

바울은 디모데에게 하나님의 그릇이 되라고 가르친다.

> 큰 집에는 금과 은의 그릇이 있을 뿐 아니요
> 나무와 질그릇도 있어 귀히 쓰는 것도 있고
> 천히 쓰는 것도 있나니
> 그러므로 누구든지 이런 것에서 자기를 깨끗하게 하면
> 귀히 쓰는 그릇이 되어 거룩하고
> 주인의 쓰심에 합당하며 모든 선한 일에 예비함이 되리라
>
> 디모데후서 2:20-21

풀려나고 있는 개인적 징표들

나는 그 두 번째 방문과 그에 상응하는 여러 환상들에서 빠져 나왔다. 완전히 넋을 잃은 상태였다. 심지어 내 친구들에게조차 무슨 일이 일어난 것인지 말할 수 없었다. 바야흐로 하나님께서 나의 삶 속에 하늘의 자원들을 풀어놓으시면서, 나에게 그분의 목적들에 대한 개인적인 간증을 주시려고 하신다는 것을 나는 거의 깨닫지 못하고 있었다. 나는 예언적인 비유로서 영계에서 슬쩍 보았던 것을 이제 막 삶으로 성취하려는 찰나에 와 있었다.

나의 환상 체험에 대해 전혀 알지 못했지만, 내 친구들은 그날 아침 이미 하나님으로부터 나에게 사역에 필요한 새 차를 사 주어야 한다는 분명한 음성을 들었다. 나의 낡은 차가 수명이 다 되어 가고 있었기 때문이다.

그들은 나를 놀라게 해주려고 내가 정확히 어떤 종류의 차를 원하는지 비밀리에 알아내기로 합의했다.

그들이 그 차를 나에게 보냈을 때, 그것은 너무나 의미심장한 것이었는데, 그 차가 단순히 엄청나게 값비싼 공급하심이었기 때문이 아니었다. 그것이 하나의 징표였기 때문이다. 나에게, 자동차는 우리의 영적 추구의 축소판이다. 다시 말하면, 부르심이 우리의 인생 여정 속에서 우리를 통해 수행하는 예언적인 역할을 의미하는 것이다. 자동차는 우리의 부르심에 대한 은유적 상징물이며, 우리의 영이 하나님 안에서 움직이는 방식을 나타낸다. 그래서 예언적인 언어에서 자동차는 종종 사역이나 직업을 나타낸다. 그렇기 때문에 나는 그 '그림'이 하나님께서 나에게 받아들이기 원하시는 보다 높은 사역이나 직업을 가리킨다는 것을 알았다.

뿐만 아니라, 나는 그것이 하나의 긴 계절 끝에 오고 있다는 것도 알았는데, 당시 나는 하나님께서 그분의 형상과 그분의 계획과 그분의 인격을 닮도록 나를 변화시켜 가시는 긴 계절을 통과해오고 있던 중이었다. 나는 천국의 계획을 붙잡을 수 있기 위해 내 자신의 계획을 힘들게 희생시켜가면서 자아에 대해서 죽어가고 있었다. 결단코 나는 영적인 완전함에 도달하지 못했지만 그 징표는 오래고 힘든 계절 끝에 나와 하나님과의 관계 속에서 장차 나타날 것에 대한 그림으로 주어진 것이었다. 나는 기름부음 안에서 행하는 데에는 대가가 있다는 것을 알았다. 하지만 그것은 그만한 가치가 있는 것이다. 그 징표를 받았을 때에도 나는 예수님의 친밀한 우정과 동역한 결과로 받게 될 미래의 상이 모든 시험과 고난을 견딜 만한 가치가 있으리라는 것을 알았다.

하나님께서 나에게 말씀하고 계시는 것을 곰곰이 묵상하면서 나는 두

가지 메시지를 깨달았다.

1. 하나님은 자기 백성에게 '새로운 차량' 다시 말해서, 그들 마음속의 갈망을 확고히 하시기 위해 새로운 영적 부르심의 장비(裝備)를 공급하실 것이다. 하지만 그분은 성령을 통해 그렇게 하실 것이다.
2. 우리가 하나님과 동역할 때 하나님은 우리에게 영향을 줄 천국의 징표를 아주 개인적인 방법으로 풀어놓아 주실 것이다. 그런 징표들은 단순한 공급하심을 뛰어넘어 이 책에서 언급하는 하나님 나라의 동력을 증진시키는 데 도움을 제공할 것이다.

성령님은 나에게 두아디라 교회의 이기는 자들에게 주신 당부를 생각나게 하셨다.

> 이기는 자와 끝까지 내 일을 지키는 그에게
> 만국을 다스리는 권세를 주리니
>
> 요한계시록 2:26

만약 우리가 어떤 직업을 선택하든지 거기서 세상의 영을 이긴다면, 하나님은 우리에게 통치권과 능력을 주실 것인데, 그것은 자연적인 영역에서 취할 수 있는 것보다 더 높은 역할 가운데 행하게 해주는 새로운 도구이다. 하나님은 천국과 부합되는 자들을 인간이 줄 수 있는 것보다 훨씬 뛰어난 권위의 역할 속에 배치하고 계신다. 바울이 에베소서 1장과 2장에서 언급한 것처럼, 그 권위를 이해하는 것은 대단히 중요하다. 그럴 때 우리는 심지어 세속적인 직업 가운데서도 그런 권위를 얻고자 몸부림치는 성향을 이길 수 있게 될 것이다.

겸손의 자세

하나님과 동역하는 고귀한 목적을 수행하는 데 필요한 자격을 갖추기 위해 우리가 거쳐야 하는 과정이 있다. 당신이 이미 확고한 리더십 경험과 자원들을 가지고 있느냐 아니면 '약속의 여정'을 이제 막 시작하고 있느냐 하는 것은 중요치 않다. 하나님께서 당신에게 실제로 사용해야 할 하나님 나라의 권위(당신의 믿음에 필요한 도구)를 주시고, 광범위한 투자를 통해 하나님의 보배로운 자들을 수확하게 하시기 전에 반드시 대가가 지불되어야 한다.

오늘날 우리 문화 가운데 살고 있는 많은 사람들이 능력의 성령을 통해 재물을 산출하라는 부르심을 받았다. 나를 방문해 왔던 재정장관 천사는 그것에 대한 나의 이해를 확장시켜 주기 위해 성경을 펼쳐 구약의 한 부분을 가리켰다.

또 두렵건대
네가 마음에 이르기를
"내 능과 내 손의 힘으로 내가 이 재물을 얻었다"
할까 하노라 네 하나님 여호와를 기억하라
그가 네게 재물 얻을 능을 주셨음이라
이같이 하심은 네 열조에게 맹세하신 언약을

오늘과 같이 이루려 하심이니라

신명기 8:17-18

서구 세계에는 교만이 전염병처럼 퍼져 있다. 우리는 형통함에 필요한 풍성한 은혜를 받았다. 특별히 미국에는 초자연적인 부의 흐름이 나라 안에 있다. 우리에게는 유명한 지적 축복 및 창조적인 축복과 더불어 자연적인 자원들이 있고, 그로 인해 셀 수 없이 많은 발명품과 부가 창출되었다.

많은 사람들이, 심지어 그리스도의 몸에 속한 사람들까지도 그 은혜를 깨닫지 못했다. 그들은 자기 자신의 힘으로 그런 부를 만들어냈다고 믿는다. 하지만 하나님의 은혜가 없으면 우리의 손은 그렇게 할 수 없다. 신자들은 심지어 자신의 전략적인 성취 모델을 상세히 설명하는 책들을 쓰기도 하고 설교를 하기도 했다. 하지만 그런 시도들이 그들의 노력에 자격을 부여해주시는 하나님의 사랑과 공급하심을 평가절하하는 경우가 흔히 있다.

서구 세계에서 우리에게 그런 하나님의 은혜가 없다면 어떻게 될지 생각해 보라. 아마도 가난과 굶주림에 볼모로 잡혀 있는 많은 제 3세계 국가들과 같이 될 것이다. 그리고 우리의 경제구조가 무너지는 데는 시간이 걸리겠지만, 우리가 하나님의 축복을 받아왔었다는 것과 더 이상 그런 축복을 받을 수 없다는 것이 모든 사람에게 분명해질 것이다. 그렇기 때문에 우리가, 특별히 세속적인 범주에 있는 사람들이 자신을 낮추는 것이 그토록 중요한 것이다.

하나님께서 그분의 언약을 통해 우리에게 재물을 얻을 능력을 주셨다는 이야기를 들으면 가슴이 벅차오른다. 그 말씀은 그 어느 때보다 지금 이 시대에 적용되는 말이라고 나는 믿는다. 그리고 우리가 그 재물의 언약적인 목적에 동의할 수 있다면 우리는 급속한 진보를 이루게 될 것이며 그것을 통해 세상과 맞서 싸울 수 있게 될 것이다.

힘으로 되지 아니하며 능으로 되지 아니하고

"만군의 여호와께서 말씀하시되 이는 힘으로 되지 아니하며 능으로 되지 아니하고 오직 나의 신으로 되느니라"(슥 4:6). 이 말씀은 하나님의 성전을 세우라는 부르심을 받은 유대 총독 스룹바벨에게 하신 것이었다. 스룹바벨에게는 그 과업을 성취하기 위해 인간의 자원들을 신뢰하는 것이 금지되었다. 대신에 그는 그 임무를 완수하는 데 필요한 재정적인 공급과 노동력을 얻기 위해 하나님을 의지했다.

스가랴 4장 6절은 기독교 계열에서 하나의 상투적인 표현이 되어버렸다. 많은 사람들이 그 말씀에 신명기 8장 17절의 경고가 결부되어 있다는 것을 알지 못한다.

> 네가 마음에 이르기를
> "내 능과 내 손의 힘으로
> 내가 이 재물을 얻었다" 할까 하노라
>
> 신명기 8:17

놀라운 얘기처럼 들릴지 모르지만, 그 두 개의 구절은 결혼한 것처럼 밀접하다. 스가랴의 도전은 신명기에서 하나님이 우리 삶의 근원임을 항상 기억하라고 했던 모세의 경고를 언급한 것이었다. 그런 인식은 오늘날 우리에게 중심축이라고 할 만큼 중요하다. 왜냐하면 우리가 오직 기름부음에만 의존하는 존재임을 깨달아야 하기 때문이다. 기름부음이란 그분의 인도하심이 있는 곳에 필요한 것을 공급하고자 하시는 하나님의 갈망에서 나오는 것이다.

심지어 자연적인 영역에서도, 모든 것은 창조주로부터 나온다. 원수는 인간을 꾀어 반역하게 함으로써 하나님의 것들을 조작하거나 조종, 혹은 위조할 수 있을 뿐이다. 원수는 부를 창조할 수도 없고 새로운 부를 끌어오는 전략에 불을 붙일 수도 없다. 그는 오직 인간을 타협하도록 조종하고, 남녀 인간들 안에 거하는 악한 마음에 영향을 미침으로써 창조적인 영을 왜곡할 수 있을 뿐이다. 그것은 야고보가 이해한 것과 같다.

> 각양 좋은 은사와 온전한 선물이 다 위로부터
> 빛들의 아버지께로서 내려오나니
> 그는 변함도 없으시고 회전하는 그림자도 없으시니라
>
> 야고보서 1:17

우리가 태어나기도 전에 하나님은 우리를 마음에 두셨다. 우리가 구속받을 필요가 있기도 전에 하나님은 우리의 생활방식, 즉 그분이 우리에게 부여하실 은사들과 재능들에 대한 계획을 세우기 시작하셨다. 성령님이 우리의 본성 안에 넣어주신 영감에 근거하여 자연적인 영역에서 창조할 수 있는 능력을 하나님께서 우리 안에 만들어 놓으셨다. 하나님은 자신이 땅 위에 창조하신 어떤 사람에 대해서도 결코 마음을 바꾸신 적이 없다. 그분은 지금도 우리 각 사람을 위해 계획해 놓으신 능력들을 풀어 놓고 계시는데, 그것은 그분의 형상대로 우리를 창조하는 것이 그분의 계획과 본성의 일부였기 때문이다(창 1:26). 바울은 그것을 이렇게 이해했다.

> 하나님의 은사와 부르심에는 후회하심이 없느니라
> 너희가 전에 하나님께 순종치 아니하더니
> 이스라엘에 순종치 아니함으로 이제 긍휼을 입었는지라
> 이와 같이 이 사람들이 순종치 아니하니
> 이는 너희에게 베푸시는 긍휼로
> 이제 저희도 긍휼을 얻게 하려 하심이니라
> 하나님이 모든 사람을 순종치 아니하는 가운데 가두어 두심은
> 모든 사람에게 긍휼을 베풀려 하심이로다
> 깊도다 하나님의 지혜와 지식의 부요함이여!
> 그의 판단은 측량치 못할 것이며 그의 길은 찾지 못할 것이로다!
>
> 로마서 11:29-33

내가 믿기로 여기서 바울이 언급하고 있는 바는, 세상에 속한 자들이 예수님의 소유를 그분께 돌려드림으로 천국의 협력자들이 되는 것이 아니라, 그보다 열등한 목적들에 자신의 은사들을 사용해오고 있는 동안에도 하나님께서는 세상에 긍휼을 보이시는 일에 자기 백성을 사용하실 것이라는 사실이다. 사람들이 천국의 일정표를 자신의 초점으로 삼아 이땅

에서 자신의 은사와 부르심을 성취해나갈 때 전 세계가 엄청난 영적 축복 아래 놓이게 될 것이다. 이것이 바로 하나님의 자비하심이 불신자들에게 보여지는 방법들 가운데 하나이다.

우리를 조종하는 것은 하나님의 본성이 아니다. 따라서 우리가 본래 설계된 것보다 열등한 방식으로 움직이기 시작한다면 그분이 하실 수 있는 것은 우리를 보다 높은 곳으로 초청하는 것뿐이다. 하나님이 우리를 이끄실 때 우리가 그분께 반응하지 않는다면, 우리는 우리의 자기중심적인 욕구로 인해 거치는 돌이 된다. 심지어 훌륭한 기독교인들조차도 하나님이 성취하려고 하시는 일에 원수가 될 수 있다. 그들 자신의 일정표와 뜻이 그분을 본받은 것이 아니라면 그들은 하나님을 대적하는 것이다. 그렇기 때문에 그분의 갈망과 뜻을 이해할 수 있도록 우리의 영과 깨달음을 하나님의 말씀으로 훈련하는 것이 그토록 중요한 것이다.

우리의 갈망이 천국과 일치하지 않는 주된 이유는 우리의 동기가 물질주의와 교만이기 때문이다. 그리고 사탄은 그런 물질주의와 교만으로 우리를 속이고 조종하기를 너무나 좋아한다. 그렇게 되면 우리는 하나님이 우리에게 주신 속성들을 하나님의 의도와는 전혀 반대되는 이기적인 지위를 획득하는 데 사용할 수도 있다.

성경에서 욥과 선지자들은 "왜 악인이 형통합니까?"라는 질문을 하나님께 던지는데, 그분은 그 질문에 특별한 주의를 기울여 대답하신다. 본질적으로는 많은 대답들이 있지만 그 모든 대답들은 한 가지 공통분모로 귀결된다. 즉 악인이 형통하는 이유는 하나님께서 인간의 본성을 조종하려 하지 않으시기 때문이라는 것이다. 그분은 다만 그분의 애정 속으로 우리를 초청하실 뿐이다.

하나님은 영원의 파노라마를 바라보고 계신다. 그분은 인간이 자신의 길을 방해할 때에도 위협받지 않으신다. 그분은 우리에게 어찌됐든간에 자유의지를 주셨다. 그분은 모든 것을 알고 계시기 때문에 우리가 이해하지 못하는 방법으로 어떤 인간적 성향이라도 바꿔놓거나 뚫고 나가실 수 있다.

불순종하는 자들은 지금 아주 제한적인 땅의 경제 속에서만 번성하고 있다. 그렇지만 하나님은 훨씬 더 높은 경제인 천국의 경제속에서 살도록 우리를 부르신다. 일단 천국의 자금 운영 프로그램 속에서 번영하기 시작한다면 다시는 세상적인 번영을 탐내지 않을 것이다. 하나님께 정의를 요구하는 것은 당신의 세상적인 필요를 채워줄 자연적인 자원들을 공급해 주시라고 그분께 간청하는 것이 결코 아니다. 그것보다는 세상적인 필요를 채워줄 뿐만 아니라, 그것을 훨씬 뛰어넘어 당신을 천국의 심장 박동에 연결시켜 줄 하나님 나라의 자원들을 갈망하는 것이다.

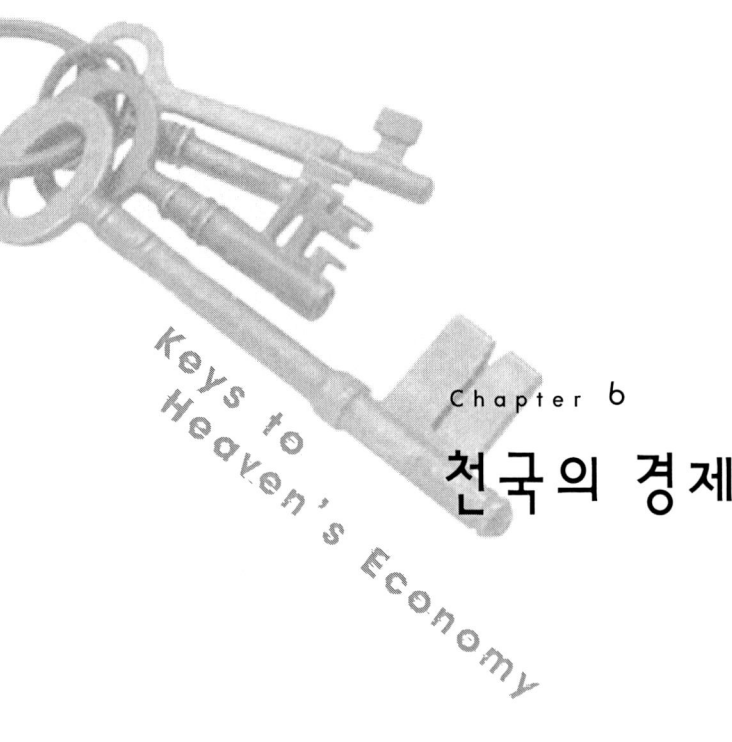

Chapter 6
천국의 경제

····· 여호와께서 명하사

네 창고와 네 손으로 하는 모든 일에

복을 내리시고

네 하나님 여호와께서 네게 주시는 땅에서

네게 복을 주실 것이며

신명기 28:8 ·····

1997년, 나는 내 삶에 극적인 흔적을 남긴 초자연적인 체험을 하게 되었다. 나는 천국의 영역으로 옮겨진 다음 거대한 창고로 데려가졌다. 그곳은 너무나 거대한 곳이어서 그 방의 경계선을 찾을 수가 없었다. 비록 그 방이 밀폐된 곳이긴 했지만 천정이나 벽이 눈에 띄지 않았다. 나는 그렇게 거대한 구조물을 한 번도 본 적이 없었다. 그것을 보았을 때, 하나님의 영원한 마음 속에 있는 공간은 얼마나 넓을까 하는 생각이 들었다.

그 창고를 감독하는 한 천사에게 나를 안내하라는 임무가 부여되었다. 그가 나를 데리고 그 건물의 여러 구획들을 돌아보게 했을 때, 나는 기대감에 사로잡혔다.

"이곳은 어떤 곳입니까?" 내가 물었다.

그의 눈이 밝아졌다. 그는 미소를 지은 다음 대답했다. "이곳은 천국의 창고입니다. 이 시대에 예수님이 충만한 유업을 받으시도록 하는 데 필요한 모든 공급물자가 이곳에 준비되어 있으며, 그분과 동역하는 가운데 사용하려고 하는 자들을 기다리고 있습니다."

나는 거의 기절할 것 같았다. 이처럼 풍성하고 미리 준비된 공급하심에 대한 계시는 내가 이해하기에는 너무나 엄청난 것이었다. 하나님 아버지는 심지어 우리가 어머니의 자궁에 있기 전부터 우리를 아셨을 뿐만 아니라, 그의 아들이 재림하실 때까지 고갈되지 않을 광범위한 공급물자를 계획해 놓으셨다. 나는 하나님에 대한 경외감으로 꼼짝할 수 없게 되었다. 그분은 문자 그대로 우리를 위해 너무나 실제적인 공급물자를 창조해 놓으셨고 우리는 오직 그곳에 들어가기만 하면 되는 것이다. 그런 놀라운 사실이 나를 그 자리에 꼼짝 못하게 만든 것이다. 예수님이 우리에게 아버지께 구하라고 가르치신 것도 당연한 것이다! 주님은 우리에게 그렇게 해서 우리가 땅에서 필요한 모든 것을 하늘에서와 같이 땅에서도 나타나게 하라고 가르치셨다. 실제로 지금 그 모든 것이 하늘에 있기 때문이다!

그 천사와 나는 많은 종류의 공급물자를 보면서 오랫동안 천국의 창고 속을 거닐었다. 우리가 사용할 수 있는 것이 무엇인지 눈을 열어주기 위해, 이제 내가 보았던 몇 가지 영역들을 언급하려고 한다. 그 내용들을 읽어 내려갈 때, 하나님께서 당신의 마음속에 그 창고를 직접 둘러보고 싶은 갈망을 불러 일으켜 주시길 바란다.

창조적인 기적의 방

그 천사와 나는 영광의 통로를 걸어 내려갔다. 그곳은 전에 내가 가본 그 어떤 곳과도 같지 않았다. 내 마음은 그 놀라운 전망들을 하나도 빼놓지 않고 샅샅이 관찰하느라 거의 고통스러울 지경이었다. 마침내 우리는 큰 창고 안에 있는 한 방에 도착했는데, 그 창고는 내가 언젠가 가본 적이 있는 시사회장을 연상시켰다.

그 방의 통로들은 너무나 컸기 때문에 내 눈에 보였던 것을 전부 다 묘사할 수는 없다. 한 구획이 인간의 몸에 할당되어 있었다. 수많은 통로에 모든 종류의 신체 기관들이 진열되어 있었다. 나는 통로를 내려오다가 다리 하나를 발견했다. 그것은 선반에 정렬된 수만 개의 다리들 중 하나였는데, 마치 어떤 이상한 고기 공장을 보는 것 같았다.

내 눈에 띄었던 그 다리에는 발가락 꼬리표가 달려 있었다. 하지만 그 때 나는 그 통로에 있던 모든 다리들에 꼬리표가 달려 있음을 알았다. 특별히 내가 읽어본 한 꼬리표에는 한 여성의 이름이 적혀 있었고, 그 여성에게로 전달될 날짜도 적혀 있었다. 땅에 있는 그 여성은 언젠가 문자 그대로 다시 걸을 수 있도록 회복될 예정이었다! 하나님께서 이미 수많은 수족이 필요할 것에 대비하여 모든 것을 준비해 놓으셨으며, 우리에게 믿음만 있으면 그것을 나타나게 할 수 있다는 것을 상상할 수 있겠는가?

나는 동행하고 있던 천사를 바라보며 이렇게 물었다. "이 방이 뭐죠?" 자칫하면 눈물이 터져 나올 것만 같았다.

"여기는 창조적인 기적의 방입니다." 그가 대답했다.

더 이상 그 천사의 설명이 필요 없었다. 내 주위에는 안구들과 귀, 치아, 머리, 발가락, 손가락, 뼈, 근육 및 기관 등 너무나 많은 몸의 지체들이 있었다! 그리고 그런 몸의 지체들은 창조적인 기적의 방 가운데 단 하나의 구획만을 구성하고 있었다. 다른 종류의 수많은 창조적인 기적들도 그곳에 있었다.

천국의 만나

한 구획쯤 떨어진 곳에서, 나는 천사들이 음식을 준비하고 있는 모습을 발견했다. 인간이 소화시키기에 유익한 모든 종류의 고기가 식탁을 가득 채웠다. 막대한 양의 빵과 귀리, 우유, 깨끗한 물, 그리고 채소들이 쌓여 있었다. 장대한 준비과정이 진행되고 있었는데, 그때 나에게 즉시 요한계시록 19장 9절에 나오는 어린 양의 혼인잔치가 생각났다.

"당신이 무슨 생각을 하고 있는지 압니다. 하지만 이곳의 음식들은 그분의 연회를 위한 것이 아닙니다." 천사가 말했다. "이 음식들은 기적적인 공급하심과 증가를 통해 땅의 가난한 자들과 심령이 가난한 자들에게 주어지고 공급될 것입니다."

그 말을 듣자마자 나는 너무나 가슴이 벅차올랐다. 그 천사는 한 구획 전체가 오직 동물의 먹이를 위해서만 예비되었다는 사실도 설명해 주었다. 나는 그것을 이해할 수 있었다. 특별히 핍박받는 나라에 살면서 가축이나 애완동물은 고사하고 가족들조차 먹일 능력이 없는 사람들이 많이 있기 때문이다. 하나님께서 우리가 관리하는 동물들에게 필요한 양식까지 준비하셨다니요!

그 모든 공급하심은 분명히 우리가 세상에서 큰 믿음을 발휘해야 얻게 될 것이다. 우리는 그것을 가장 필요로 하는 국가들과 민족 집단들 사이에서 기적적인 공급하심을 보게 될 것이다. 특별히 가난한 자들에게, 하나님이 초자연적인 사랑의 하나님이심을 눈으로 볼 수 있도록 증명해 보여줄 많은 현상들이 있게 될 것이다. 역사를 통틀어 볼 때, 음식의 초자연적인 공급이나 증가에 관한 몇 건의 보도들이 있는데, 그런 일들은 대부분 제 3세계 국가들에서 일어났다.

나는 아프리카 모잠비크의 아이리스 미니스트리스(Iris Ministries)라는 단체가 그런 현상을 여러 번 경험했다는 것을 안다. 세계어린이사역(Global Children's Ministries)을 담당하고 있는 우리의 소중한 친구들이 그런 경험을 했다. 그들은 음식만이 아니라 옷까지 증가되는 것을 목격했다. 나는 그들에게 날마다 굶주림으로 죽어가는 사람들이 너무나 많은 상황에서 왜 하나님이 그런 기적을 그들에게 일으켜 주신다고 생각하는지 물었다. 그들이 나눠준 소감은, 그 사람들의 절박한 필요를 보고서 그들이 하나님께서 초자연적인 축복을 나타내 주실 것을 믿었다는 것이었다. 그들은 인도주의적인 노력만이 아니라 천국의 반응을 요구하는 방식으로 사역을 세워가고 있었다.

우리는 계속해서 걸었고, 나는 천사 친구를 따라 다양하고 놀라운 음식들을 지나쳐 다른 구획으로 들어가게 되었는데, 그곳에 비하면 다른 곳들은 너무나 초라해 보일 지경이었다.

초자연적인 믿음의 차원

우리는 신비스런 색깔과 빛의 구름을 향해 걸어갔는데, 그것은 마치 허블 망원경(Hubble Telescope, 미국항공우주국과 유럽우주국이 주축이 되어 개발한 우주망원경-역자 주)으로 찍은 사진들과 흡사했다. 천사가 나에게 그 구름 속으로 걸어 들어가라고 권유했다. 그렇게 했을 때, 나는 장엄한 빛 한 가운데 있게 되었다. 마치 내가 아버지의 심장 속으로 들어간 것 같았다. 빛이 내 안에서 분출되어 나오면서 나에게 창조적인 믿음을 부여해 주었다.

그곳은 모든 사람이 보기를 갈망하는 아버지의 심장 속에 있는 장소였다. 그것은 여러 가지 면에서 설명하기 힘든 믿음의 영역이었다. 그 영역에 있는 동안, 나는 어떤 창조적인 공급의 기적에 대해서도 믿음을 가질 수 있었다. 그런 공급의 기적을 통해 우리는 자신의 부르심을 성취하도록 준비되어질 것이다.

다른 사람들도 그 구름 속에 있었다. 그들은 땅에서 기도하는 중에 어떤 식으로든 하나님의 심장 속에 있는 그 장소에 들어와 있는 것 같았다. 그들이 천국의 사용 가능한 자원에 맞춰 기도할 때, 한정된 자연적 영역이 기적적인 하나님의 능력을 수용할 수 있도록 확장되었다.

그곳에서 나는 하나님께 돈과 창조적인 기적, 그리고 옮겨야 할 산 등 어떤 것이라도 구할 수 있다고 느꼈다. 그때 나는 그 구름 속에 들어갔던 것만큼이나 빠른 속도로 다시 반대편에 있는 창고로 돌아오게 되었다.

나는 놀라운 시선으로 천사 친구를 바라보았다. 그는 나와 함께 그 구름 속으로 들어가지 않았었다. "아버지의 심장 속에 있는 그곳은 인간들을 위해 예비된 것입니다." 그가 설명했다. 나는 하나님이 심지어 천사들도 할 수 없는 방식으로 우리가 그분의 마음과 교통하도록 우리를 설계하셨다는 것을 깨달았다.

신성한 건축물의 방

다음으로 우리는 그 창고 내의 다른 지역으로 옮겨졌다. "신성한 건축물의 방에 오신 것을 환영합니다." 나와 함께 하고 있던 천사가 그렇게 선언했다.

미니어처로 된 건물의 모형들이 도처에 있었다. 나는 건축작업을 위해 완벽하게 준비된 재료들을 보았으며, 새로운 형태의 구조물과 건물들을 보았는데, 그것들은 세계적인 재난에도 견딜 수 있도록 만들어져 있었다.

그 모형 건축물을 지나갈 때, 나는 천국으로부터 새로운 인구 계획을 받아 이루어진 도시 구역 전체를 보았다. 좀 더 자세히 살펴보았을 때, 나는 그 구역들이 살아 있으며, 그 안을 쇄도하는 차량들과 사람들로 생기를 띠고 있다는 것을 알았다. 그 구역들은 이미 완성된 형태로 존재하고 있는 것 같았다. 하나님의 계획은 그 정도로 완전한 것이며, 그것이 우리 세대에 나타나기 위해서는 우리의 동의만 있으면 된다.

원형의 테이블들이 경기장과 예배처소, 사업본부, 학교, 그리고 병원 등 하나님의 영광을 위해 지어질 다양한 건물들에 대한 계획들과 청사진들로 덧입혀져 있었다.

어떤 건축 프로젝트들은 완전히 새로운 것이었지만 다른 구획에는 현재의 병원과 학교, 경기장, 은행, 정치관련 건물, 사무실, 사업본부, 놀이공원, 극장, 영화 스튜디오, 그리고 다른 형태의 수많은 건물들에 대한 리모델링 계획들이 담겨 있었다. 하나님은 그 나라의 목적을 위해 관리하고자 하시는 수없이 많은 건물들의 목록을 가지고 계셨다. 현재 이땅에 존재하고 있는 것들 중 하나님께서 얼마나 많은 것들을 소유하고 싶어하시는지 도저히 믿을 수 없을 정도였다.

각각의 계획 위에는 도장이 찍혀 있었는데, 그 도장들 중에는 이름과 날짜가 적혀 있는 것도 있었고, 그냥 이름만 적혀 있는 것도 있었다. 그런가 하면 어떤 도장들은 아무런 표시도 되어 있지 않은 채, 누구든지 그 계획에 뛰어들어 예수님의 목적뿐만 아니라 자신의 이름까지 드러내고자 하는 사람을 기다리고 있었다. 천국의 신성한 건축물에 대한 사용권을 가진 상태에서 건축가가 된다는 것은 얼마나 멋진 기회와 직업인가!

창조적인 발명품의 구획

그 후에 우리는 빠른 속도로 성령에 이끌려 창조적인 발명품이라 불리는 다른 구획으로 옮겨갔다. 그곳은 거대한 지역이었지만 우리가 들어가는 장소마다 더욱 더 커지는 것처럼 보였다. 빛들과 색깔들이 소용돌이

치며 돌고 있었고, 성령님이 그곳 위에 머물러 계시며 번개처럼 번쩍거리는 것 같았다. 웬지 모르지만 나는 성령님께서 사람들을 방문하여 그들의 생각과 상상력 속에 내가 천국에서 보고 있던 것과 똑같은 섬광을 집어넣으셨다는 것을 알았다. 그분은 내가 그 창고에서 보고 있던 것을 발명하고 창조할 수 있도록 사람들의 재능을 자극하시곤 했다.

농업기술과 컴퓨터 과학 및 의학기술 등 모든 형태의 기술이 이곳에 묘사되어 있었다. 많은 질병들에 대한 치료법이 그 구획에 있었다. 장난감들도 있었고, 음향장치, 비디오 및 멀티미디어 장치들도 있었으며, 인간에게 이미 알려진 것들이지만 땅에 혁명적인 진보를 일으키도록 새로운 형태로 조합될 수 있는 너무나 많은 기본적인 재료들이 그곳에 있었다. 계시의 성령이 다양한 조합들을 보여주시기만 하면 되는 것이었다.

어떤 발명품들은 천사들이 지키고 있었다. 나는 그런 곳에 왜 파수꾼이 필요한지 알고 싶었다. 그런데 바로 그때, 나는 어떤 사람들이 그 발명품들을 훔치기 위해 주술을 통해 불법으로 접근하려고 한다는 것을 알았다. 나는 원수가 그토록 대담하다는 것을 믿기가 어려웠지만 한 발명품을 지켜보고 있을 때 그 이유를 이해하기 시작했다.

환상 속에서, 나는 하나님께서 천사를 땅으로 보내 어떤 그리스도인에게 한 가지 발명품의 청지기가 되라는 초청장을 주시는 것을 보았다. 그 사람은 그 발명품을 만들어내기 시작했지만 그 프로젝트를 둘러싼 전쟁으로 인해 재정적인 문제와 관계적인 문제에 부딪혔다. 하나님의 공급하심과 보호하심을 위해 중보하며 간구하는 대신, 그 사람은 일에만 몰두해 있다가 천국에 대해서 마음을 닫아버렸다.

그러고 있는 동안에, 엄청난 부자 한 사람이 마귀의 세력으로부터 보냄을 받고 그 그리스도인을 만나러 왔다. 그 부자는 그 사람의 발명품에 자금을 대겠다고 제안했다. 그 그리스도인은 독단적으로 거기에 합의했다. 하지만 그들이 계약서에 도장을 찍을 때, 그 부자는 자신에게 유리하도록 계약서를 조작하여 그 기술을 훔쳐가 버렸다. 천국의 공급하심과 하나님의 신실하심에 대한 믿음을 잃어버렸기 때문에, 그 그리스도인은 너무나 절박한 나머지 경솔하게도 아무 계약서에나 서명해버린 것이었다. 그래서 원수가 하나님의 영감으로 된 귀중한 통신장비의 사용권을 훔쳐냈으며, 사탄은 그것을 지구 전역에서 온갖 형태의 왜곡된 방법으로 인간을 더럽히는 데 사용해왔다. 그것을 본 후에, 나는 왜 수호천사들이 그것과 천국창고의 다른 영역들을 지키고 있는지 깨닫게 되었다.

과학기술을 발명하는 바로 그 창조의 영이 예술적인 것들도 발명하고 있었다. 같은 구획에서, 나는 특별히 창조적인 예술에 할당되어 있는 수많은 방들로 안내되었다. 그 예술의 방들을 묘사하려면 책 한 권을 써야 할 정도였다. 장차 이땅에 천국의 예술이 너무나 놀랍게 풀려날 것이기 때문에, 창조적인 예술 센터들이 전 세계 여러 도시에서 생겨나 서로 다른 예술 매체들과 그 표현법 사이의 한계를 재정의하고 많은 예술적 표현 양식들을 단 하나의 건물에 수용하게 될 것이다.

천국의 음악 저장실

창조적인 예술 구획의 가장자리에 천국의 음악 저장실이라는 네 번째 구획이 있었는데, 그곳은 100% 가동 중이었다.

음악 예술 구획은 다름 아닌 천국 보좌가 있는 곳과 부분적으로 겹쳐

져 있었기 때문에 특별히 흥미로운 곳이었다. 너무나 많은 악기들이 연주되고 너무나 많은 노래들이 불려지고 있어서 무질서해 보였을 수도 있지만, 나의 영은 다양한 스타일과 장르를 편안하게 맛볼 수 있었다. 아직까지 만들어지지 않은 소리들이 개조된 악기들과 완전히 새로운 악기들의 반주에 맞춰 들리고 있었는데, 아주 과격한 소리들이었다. 새로운 가락들로 가득찬 노래책들은 사람들이 마음을 열고 하나님과의 더 깊은 친밀함 속으로 들어가도록 호소하기 위해 쓰여진 것들이었다. 노래책들의 숫자는 끝이 없는 것 같았으며, 그 모든 책들이 하나님을 무한히 기쁘시게 만들었다. 그분은 아직도 그분을 위해 쓰여져야 할 수없이 많은 노래들을 헤아릴 수 있는 유일한 분이시다. 솔로몬 왕이 그 창조적인 영역을 만졌었다. 그는 자신의 생애에 하나님을 영화롭게 하는 노래를 천 곡 이상이나 쓴 것으로 유명하다. 한 세대 전체가 그 천상의 영역에 접근하게 될 때를 상상해 보라!

보좌가 있는 곳에서 성령님이 작곡하신 노래들을 연주하고 있던 천사들은 땅으로 내려가 그 노래들을 다른 사람들에게 전해줄 수 있었다. 어떤 경우에는 사람들을 천국으로 데려와 그 황홀한 장소의 분위기에서 새롭게 만들어진 형언할 수 없는 소리들을 듣게 하기도 했다.

동시에 나는 악령들이 나타나 그 천상의 소리들과 노래들을 표절하고 훔치려고 한다는 사실도 알게 되었다. 그들은 천상의 분위기를 단 몇 초밖에 견딜 수 없었지만, 그래도 자기들이 들은 것들에 자극을 주어 소름끼치는 소리로 만든 다음 땅에 있는 사람들에게 전해 주려고 했다. 그러면 그 사람들은 계속해서 그것을 뒤틀고 왜곡하여 하나님을 거스리는 것으로 만들어버리곤 했다. 바로 이것이 하나님께서 영감을 불어넣기를 갈망하시는 음악산업에 대한 사탄의 선제공격이었다.

그러나 천상의 수호천사들이 거대한 파리채 같은 무기로 무장하여 마귀가 보낸 침입자들을 색출하곤 했다. 그 천사들이 음악 예술 구획을 엿보려고 하거나 엿들으려고 하는 원수들을 진압했다. 그런 악마적인 시도들은 장차 땅에 풀려나기로 예정된 강력한 천상의 음악을 방해하는 일에 아무것도 할 수 없었다. 사탄의 강탈은 하나님의 나라를 영구적으로 손상시키는 일에 아무런 효과도 발휘하지 못했다.

천국 경제의 그림

우리는 그 창고의 다른 구획들 속으로 걸어 들어갔다. 많은 구획들을 지나치기는 했지만 나는 그것들이 다 이용 가능한 것임을 알 수 있었다. 그것들에 대해 책을 쓰자면 책꽂이 여러 개에 들어갈 만큼의 책이 쓰여질 수 있을 것이다. 당신의 상상력을 자극하기 위해 몇 가지만 예를 들어 보겠다.

- 천국을 반영하는 옷감들이 있는 의복 구획
- 땅에 음식을 공급하고, 식량의 청지기가 되는 법에 관한 하나님의 전략들을 유업으로 주기 위한 농업 구획
- 노소의 학생들을 위한 창조적 교수법이 있는 교육 구획
- 각양각색의 계시들이 땅에 출산되기만을 기다리고 있는 예언 구획
- 기타 엄청나게 많은 구획들이 더 있었다!

여정이 끝나갈 무렵, 그 창고의 관리 책임을 맡고 있는 천사가 나에게 말했다. "이 창고는 천국의 경제가 어떻게 운용되는지를 보여주는 그림 또는 은유 혹은 모형입니다."

앞서 기록한 바와 같이, 나의 마음은 예수님께 충만한 보상을 드리기 위해 우리에게 필요한 모든 것이 이미 아버지에 의해 준비되었다는 깨달음으로 충만해 있었다. 아버지께서는 아무것도 아끼지 않으실 것이다! 아버지께서 천국의 영계안에 그런 공급물자들을 정성들여 창조해 놓으셨다. 이제 그것들은 볼 수 있는 눈을 가진 자들, 즉 누구든지 하나님과 동역하기로 선택하는 자들에 의해 발견되어 붙잡아지기만 하면 된다.

예수님은 천국에서 우리를 위해 중보하고 계신다. 주님은 그분의 보상으로서 우리를 기다리고 있는 모든 것을 볼 수 있도록 우리의 영적인 눈이 뜨여지기를 위해 기도하고 계신다. 당신은 예수님께서 아버지의 오른편에 앉아 그분이 사랑하시는 자들과 땅을 내려다보고 계시는 모습을 그려볼 수 있겠는가? 그분은 우리가 이용할 수 있는 것이 무엇인지 알고 계시며, 모든 기회와 모든 자원, 그리고 투자금액처럼 주어지는 모든 영적 현상과 관련하여 우리를 위해 기도와 간구를 쏟아붓고 계신다. 천사의 군대가 그분을 도와 인간 전사들에게 그분의 나라를 확장하라는 위임명령을 내리기 위해 기다리고 있다. 이것이 바로 천국의 경제를 구성하고 있는 것이다.

나는 요엘 선지자가 다음과 같은 예언을 할 때 그 천국의 경제가 땅에 풀려나고 있는 모습을 보았다고 믿는다.

> 그 후에 내가 내 신을 만민에게 부어 주리니
> 너희 자녀들이 장래 일을 말할 것이며
> 너희 늙은이는 꿈을 꾸며 너희 젊은이는 이상을 볼 것이며
> 그 때에 내가 또 내 신으로 남종과 여종에게 부어 줄 것이며
> 내가 이적을 하늘과 땅에 베풀리니
> 곧 피와 불과 연기 기둥이라.
>
> 요엘 2:28-30

하나님은 성령으로 살면서 아버지의 갈망의 대상인 그의 아들을 사랑하는 사람들의 세대 전체를 풀어놓으실 것이다. 우리는 하늘에서 기사를 볼 것이며, 땅에서 하나님의 영광에 대한 증거가 되도록 그것들을 불러 내리게 될 것이다. 우리는 하나님을 닮아가면서 성령의 창조적인 능력으로 움직이기 시작할 것이다.

> …그의 믿은 바 하나님은 죽은 자를 살리시며
> 없는 것을 있는 것 같이 부르시는 이시니라
>
> 로마서 4:17

우리가 하나님의 갈망의 실체를 알고 우리의 삶 속에서 그분의 충만하심을 더욱 더 체험하게 될 때, 우리는 그분의 권세 안에서 행하기 시작하면서 하늘에서와 마찬가지로 땅에서도 충만한 능력으로 증거하기 위해 필요한 모든 기적들을 일으킬 수 있다. 예수님께서는 이런 차원의 연합을 알고 계셨기 때문에 우리에게 기도한 후에는 결과를 기대하라고 가르

치셨다.

땅위를 걸으시는 동안 예수님께서는 아버지의 일정표와 전적으로 하나되어 행하셨다. 그분은 오로지 아버지의 마음을 이해하기 위해 기도하고 금식하고 성경을 연구하셨다. 그래서 그 아버지의 마음을 땅에 증명해 보이는 것이 그분의 목적이었다. 그분이 경험한 아버지와의 연합은 단순히 지식에만 기초한 것이 아니었다. 그 연합은 그분으로 아버지의 갈망을 기대할 수 있게 해준 영적인 결속이었다. 그분은 우리에게도 그와 똑같은 연합을 출발점으로 삼아 기도하고 결과를 기대하라고 가르쳐 주셨다. 하지면 그런 권위를 가지고 행하기 위해서는 먼저 우리에게 그분의 갈망과 맞닥뜨리는 체험이 있어야 한다. 자원들로 가득찬 창고는 아버지의 마음과 연결되어 살아가는 자들을 기다리고 있다. 이것이 바로 하나님의 경제이다. 즉 존재하지 않는 것을 존재하는 것처럼 불러내는 것이다.

알다시피, 예수님은 절박한 마음을 가진 분이다. 그분은 인내심이 없거나 무지한 것은 아니지만… 다만 절박하신 분이다. 아버지께서 그분에게 세상을 그분의 유업으로 약속하셨다(시 2:8, 요 3:16). 그러므로 그분의 갈망은 그 유업이 완전히 풀려날 때까지 충족되지 않은 상태로 남아 있을 것이다.

아버지께서는 예수님께 두 가지를 약속하셨다.

1. 인류의 모든 세대를 통틀어 많은 이들이 하나님의 나라에 들어올 것이다.
2. 절정의 시기에, 하나님의 충만한 계획이 땅에 나타나도록 한 세대

가 부르짖을 것이다.

하나님은 예수님이 하늘을 가르고 충만한 운명 가운데 강림하셔서 그분의 보상을 거두시도록 그리스도의 신부가 성령과 하나되어 열정적으로 부르짖을 것이라고 약속하셨다.

> 성령과 신부가 "오소서!" 하고 말씀하십니다.
> (현대인의 성경-역자 주)
>
> 요한계시록 22:17

천국의 불타는 갈망

천국 전체가 예수님의 절박한 마음을 공유하고 있다. 따라서 천국 전체가 예수님의 목적에 헌신되어 있다. 아버지께서 천국에 부여하신 임무는 그의 아들에게 경배하라는 것과 그 경배를 통해 아들의 목적을 섬기라는 것이다. 그러므로 천국에는 예수님의 높은 부르심과 동역하고 그 부르심의 청지기 역할을 수행하는 것을 목적으로 하는 경제가 풀려나 있다. 그리고 예수님의 높은 부르심은 그분께 속한 모든 것이 하나도 빠짐없이 드러나도록 하는 것이다. 천사들은 그 경제를 기뻐하고 있으며, 우리도 천국의 목적과 교제하는 가운데 같은 기쁨에 참여할 수 있다.

하나님은 영원세계의 목적에 보다 더 높은 초점을 맞추지 않는다면 결코 세상의 나라가 예수의 이름으로 세워지도록 권위를 풀어놓지 않으실 것이다. 다시 말해, 어떤 자연적인 시도라도 예수님을 나타내려 하지 않고, 또 그분께 마땅한 영광을 비추려 하지도 않는다면, 그것은 그분께 속한 것이 아니라는 말이다. 하나님은 영원한 열매를 맺지 않는 것이라면 그 어떤 것도 천국의 창고에서 풀어놓지 않으실 것이다. 그러므로 어떤 기업도 시작과 끝을 땅에 두어서는 안 된다. 만약 그렇게 된다면 그것은 땅에 속한 것이 될 것이다. 경건한 보물은 천국의 창고에 쌓여야 한다.

예수님은 이땅에 계시는 동안 하나님 나라를 성취하기 위한 것이 아니라면 세상에 속한 그 어떤 것도 바라지 않으셨다. 그분은 지금 천국에서 아버지 곁에 앉아 계신다. 그분이 땅에서 인간적인 권세나 통치권을 바라지 않으신 것은, 보다 더 위대한 것이 그분의 마음 속에서 불타고 있었기 때문이다. 그분은 천국과의 연합을 유지해야 한다는 것과, 후에는 이미 그분에게 있던 모든 권위의 직함들뿐만 아니라 모든 권세와 능력과 통치권이 자신에게 속하게 될 것을 아셨다.

> 그 능력이 그리스도 안에서 역사하사
> 죽은 자들 가운데서 다시 살리시고
> 하늘에서 자기의 오른편에 앉히사
> 모든 정사와 권세와 능력과 주관하는 자와 이 세상뿐 아니라
> 오는 세상에 일컫는 모든 이름 위에 뛰어나게 하시고
> 또 만물을 그 발 아래 복종하게 하시고
> 그를 만물 위에 교회의 머리로 주셨느니라
> 교회는 그의 몸이니 만물 안에서
> 만물을 충만케 하시는 자의 충만이니라
>
> 에베소서 1:20-23

우리의 마음을 예수님의 마음과 일치시키기 위해 주어질 수 있는 인간적 권위는 없다. 그 권위는 오직 아버지로부터만 온다.

인간은 흔히 권세를 얻고 또 권세를 휘두르려고 애를 쓴다. 그들은 인간적인 네트워크를 만든다. 뿐만 아니라 그들의 초점은 다른 사람의 비위를 맞추고, 지위를 획득하며, 스스로를 섬기고, 정치에 몰입하여 다른 사람들을 지배하는 것이다. 이것이 인간의 문화이며 세상의 경제이다.

반면에 예수님은 항상 다른 생활방식을 보여주셨다. 그분은 사랑이 가장 큰 권위를 행사한다는 것과 사랑이 인간의 노력으로 얻은 어떤 권위도 대신할 수 있다는 것을 보여주셨다. 예수님은 **영적인 굶주림을** 화폐로 사용하는 새로운 경제를 만들어내셨다. 영적인 굶주림이란 단순히 천국의 장식품들에 대한 갈망이 아니라 천국 그 자체의 핵심인 예수님에 대한 갈망이다!

Chapter 7
천국의 정의

․․․․․ 딸 시온이여

일어나서 칠지어다

내가 네 뿔을 철 같게 하며

네 굽을 놋 같게 하리니

네가 여러 백성을 쳐서 깨뜨릴 것이라

내가 그들의 탈취물을 구별하여

여호와께 드리며

그들의 재물을

온 땅의 대주재께 돌리리라

미가 4:13 ․․․․․

가장 심오하면서도 흔히 가장 오해되는 성경의 원리들 중 하나는 정의이다. 천국의 정의 체계는 세상의 정의 체계와 전혀 같지 않다. 사실, 세계 전역에서 정의는 악마적인 오용의 주된 목표물 가운데 하나이다. 만약 한 나라의 정의 체계를 무너뜨릴 수 있다면 원수는 인간 마음 속에 있는 희망을 짓밟고 모든 형태의 악을 저지를 수 있다.

의로운 정의는 성경 전체에서 수백 번씩이나 보여지고 있지만, 성경을 읽는 남녀들은 정의문제로 가장 많이 갈등한다. 기쁜 소식은 정의가 하나님의 마음에 너무나 귀중한 것이라는 사실이다. 그것은 다가오는 시대에 천국의 경제를 나타나게 할 중요한 통로들 가운데 하나이다. 하나님께서 성경에 언급된 일시적인 심판을 쏟아부으실 때에도 그의 언약의 백성들은 필요한 곳에서 그분의 긍휼하심과 천국의 자원들에 대한 청지기 역할을 감당하게 될 것이다.

미국은 세계에 아주 실제적인(제한적이긴 하지만) 긍휼사역을 보여준 나라들 가운데 속해 있었다. 위기의 시대에, 미국은 다양한 긍휼과 희망의 문들을 통해 전 세계적으로 특권이 적은 나라들의 필요를 공급하는 일을 도와왔다. 미국 또한 바로 이 영역에서 반복적으로 실패해왔음에도 불구하고 하나님은 그분의 거룩한 긍휼하심으로 인해 미국이라는 나라를 붙잡아주셨다.

심판의 자취 속에서 천국과 맺어진 언약을 깨닫는 자들은 초자연적으로 드러나는 하나님의 사랑을 보게 되기 때문에 하나님께 부르짖게 될 것이다. 이것의 모형들과 그림자들이 인본주의에 가려있는 세속의 영역에서 모방되고 있다. 하지만 하나님 나라의 시대가 다가올수록 하나님의 남은 자들은 많은 자원들에 대한 청지기 역할을 보다 더 효과적이고 효율적으로 수행하는 법을 배워 길을 잃은 채 죽어가고 있는 세상에 위로와 위안을 전해주게 될 것이다.

예수님이 십자가에서 최종적인 대가를 지불하셨을 때, 우주의 모든 세력들이 그분의 관할 아래 들어오게 되었다. 모든 자연적인 세력이 하나님의 영적인 법칙에 굴복하지 않을 수 없게 되었다. 예수님께서 땅에 속한 나라들의 열쇠를 되찾으셨다. 그분을 따르는 자들로서, 우리는 그분의 보다 높은 권위, 즉 천국의 정의와 긍휼로 가득한 그분의 마음으로부터 나온 권위에 따라 움직이기 시작할 수 있다.

예수님의 재림이 점점 가까이 다가옴에 따라, 우리는 하나님과 마귀의 세력 모두 정의 체계에 큰 비중을 두는 것을 보게 될 것이다. 많은 악마적인 법령들이 완전히 뒤집히는 일이 일어날 것이다. 동시에 원수는 새롭고, 때로는 더 어두운 법령들을 만들어낼 것이다. 요한계시록은 이것을 선명하게 보여준다. 마귀의 세력들이 세력을 넓혀가는 것처럼 보이지만 하나님께서 그분 자신의 목적을 펼쳐가시는 곳에서 원수는 빠른 속도로 좌절된다. 천국의 정의 체계를 널리 퍼뜨리기 위한 전쟁이 진행중에 있으며, 그리스도인들은 국가들과 교회 내의 통치정의에 영향을 미치는 데 중추적인 역할을 하게 될 것이다.

미국의 시민권 운동

2001년 1월, 내가 주님과 함께 일상적인 경건의 시간을 갖고 있을 때, 주님은 나에게 텔레비전을 켜라고 지시하셨다. 당시에 나는 일정 기간 동안 텔레비전과 영화를 피하는 미디어 금식(media fast) 중이었다. 그래서 나는 그분이 그런 생각을 내 마음속에 그토록 선명하게 넣어주셨을 때 충격을 받았다. 나는 그 생각을 육신적인 충동으로 여기고 받아들이지 않으려고 했다. 그러나 얼마 못 가서 경건의 시간은 완전히 엉망이 되어버렸다. 그래서 나는 그분의 감동하심에 순종하려고 애쓰면서 텔레비전으로 달려가 전원을 켰다.

한 뉴스 프로그램이 잘 알려진 사역자이자 정치 옹호가인 한 사람에 대해 보도하고 있었다. 그가 캔자스시에서 온 지도자들에게 시민권에 대해 강연하고 있는 모습이었다. 갑자기 귀로도 들을 수 있는 주님의 음성이 내가 있던 방을 가득채웠다.

"이 사람은 미국에서 내 마음속에 있는 가장 소중한 문제들 가운데 하나인 시민권 운동에 관해 언급하고 있다. 그러나 그는 그것을 자기 자신의 방법으로 일으키려 하고 있다. 그것 때문에, 나는 이제 곧 이 나라 안에서 그에게 있는 권위의 목소리를 낮출 것이다. 그가 2주 안에 회개하지 않는다면, 나는 그의 윤리적인 문제, 즉 그가 현재 빠져 있는 불륜관계를 전국적으로 폭로할 것이다. 그 후에도 여전히 회개하지 않는다면, 그는 훨씬 더 값비싼 대가를 치르게 될 것이다. 내가 그에게 매우 소중한 것들을 벗겨 내 버릴 것인데, 그렇게 되면, 그는 껍데기밖에 없는 인간이 될 것이다."

주님에 대한 전율할 만큼의 경외감이 잔물결을 일으키며 나를 지나갔다. 하지만 이 경험을 통해, 나는 주님의 정의를 이해하기 시작했다. 여기에 교회를 대표해서 국가에 영향을 미친다고 주장하는 한 사람이 있었지만 그는 매우 이기적인 계획들을 가지고 있었다. 그의 강연은 왜곡되어 있었고, 그가 전하는 내용은 그 자신의 부도덕함으로 더럽혀져 있었다.

하나님께서는 친히 미국의 시민권 문제에 너무나 많은 관심을 가지고 계셨기 때문에 그 사람이 계속해서 그분의 명예를 손상시키는 것을 더 이상 용납하실 수 없었다. 그러므로 하나님은 그 사람이 공개적으로 폭로되는 것을 허용하려 하고 계셨다. 그것은 그가 하나님의 계획표를 섬기지 않고 있다는 것을 사람들이 알도록 하기 위한 것이었다.

나는 그 말씀을 캔자스시에서 소수의 목사들과 지도자들에게만 전해 주었다. 그 말씀은 시간의 한계를 제시했다. 즉, 2주 안에 하나님께서 그 사람의 윤리적인 문제를 폭로하려 하고 계셨다. 좀 더 구체적으로 말하자면, 하나님은 그 사람의 목소리가 우리 도시 안에서 악마적인 갈등을 촉발시키는 것을 허용하려 하지 않으셨다. 우리 도시는 원수가 인종 집단 사이에 너무나 견고한 인종차별주의와 압제의 요새를 구축하고 있는 곳이다.

2주 후인 1월 중순에, 미국 전역의 뉴스방송들이 그 남자와 불륜관계를 가져온 한 젊은 여성을 크게 보도했다. 그는 완전히 폭로되었고 그 사실을 시인했다. 그 일이 일어났을 때, 우리는 그 사람과 그가 처한 상황으로 인해 슬펐지만, 동시에 하나님께서 시민권 운동에 대해 우리 도시에서 어느 정도의 권위를 취하고 계시다는 사실로 인해 기뻐했다. 하나님은 정의에 대해 우리보다 더 많은 관심을 갖고 계신다! 이것은 나에게 천국의 정의를 보여주는 가장 생생한 그림 중 하나였으며, 하나님의 엄한 사랑은 내 영 안에 강하게 각인되었다.

우리가 천국의 목적을 발견하고 거기에 몰입하게 될 때, 하나님은 이 땅에 그분의 마음을 선포하는 일에 모든 문화에 속한 신자들을 사용하실 것이다. 그런 연합으로 풀려나게 되는 능력은 영적인 핵폭탄과 유사하여 흔들릴 수 있는 모든 것을 뒤흔들어 놓을 것이다.

새롭게 일어나고 있는 세대

다른 어떤 세대보다 더 천국 정의의 결핍 문제를 가지고 싸우게 될 젊은이들의 세대가 이제 곧 나타나게 될 것이다. 그들은 70년대에 태어난 세대와 같은, 또 하나의 대의(大義)지향적인 세대가 아니라, 예수님의 보상이 그분에게 돌아가도록 부르짖는 세대가 될 것이다.

강렬한 열망이 그 세대 전체를 강타할 것이며, 그들은 정의의 결핍에 대해 분노의 소리를 높이게 될 것이다. 그들 마음 속의 탄식은 아마도 하나님 보좌 앞의 기도처럼 들릴 것이며, 그 탄식의 열정과 영향력은 흡사 애굽에 있던 이스라엘 자손의 부르짖음과 같아서 그 어떤 것과도 견줄 수 없을 것이다.

당시, 유대인들은 속박과 노예상태에 너무나 억눌려 있어서 내면의 탄식이 그들의 기도였는데, 성경은 그들의 고요한 부르짖음이 천국에까지 들렸다고 말씀하고 있다.

마찬가지로, 이 세대의 부르짖음은 예수님의 재림을 위해 애쓰고 있는 자들, 즉 구름같이 많은 증인들과 밤낮으로 하나님 보좌 앞에 자신의 사정을 아뢰는 순교자들의 부르짖음과 합해지게 될 것이다. 하늘과 땅의 일치는 그런 동시적인 부르짖음으로부터 생겨나는데, 그 이유는 예수님께서 하늘과 땅의 영혼들이 부르짖고 있는 바로 그것을 쏟아붓기를 갈망하시기 때문이다.

다가오는 부의 통치권

교회가, 특히 서구 세계에서, 물질적 번영과 재정수익에 대해 너무나 부패한 관점을 가지고 있었기에 하나님은 우리를 징계하셔야만 했다. 그것은 우리의 자기중심적이고, 이기주의적인 동기 때문이었다.

하나님은 이땅에 하나님 나라에 속한 참된 물질적 번영의 메시지를 풀어놓으셨지만, 그것은 종종 악마적인 메시지로 인해 가려져 버린다.

이 거짓된 물질적 번영의 메시지는 특별히 제 3세계 국가로 옮겨질 때 결함과 약점을 보인다. 그런 국가들에서 거짓된 물질적 번영의 메시지는 아무런 효력을 발휘하지 못한다. 적어도 몇몇 시끄러운 신자들이 조장해 온 방식으로는 되지 않는다.

성경적인 신학은 부유하든 가난하든 어떤 문화에도 적용되는 진리를 전달한다. 소위 믿음 운동(Faith movement) 계열의 물질적 번영 메시지에는 모든 문화에 적용될 만한 성경적 가치가 담겨 있지 않았다. 비록, 물질적 번영 메시지의 핵심 속에 많은 진리들이 담겨 있긴 했지만, 전체적인 그림은 이기적인 유익에 집중되었다.

1980년대와 90년대에, 많은 주류 사역단체들이 돈에 대한 정직성의 결여로 인해 무너졌다. 다른 여러 사역단체들은 추종자들을 착취했기 때문에 영향력을 상실했다. 결과적으로, 대부분의 교회가 물질적 번영의 교리를 포기했다.

그러나 하나님은 그의 언약의 백성들을 위해 땅에 물질적 번영의 메시지를 전달하기 원하신다. 그것은 그분이 자신의 보상을 받으시기 위한 것이다. 우리가 물질적 번영 메시지의 동기를 정화시키고자 한다면, 거기에는 진정으로 영적인 가치가 담겨 있다. 예수님께 합당한 보상을 드리는 것이 초자연적인 현상에 의해 이루어진다면, 가장 가난한 나라 사람들이라도 천국 창고로부터 오는 자원의 청지기 직분을 수행하기 시작할 수 있다.

명령된 축복

예수님께서 요한복음 17장에서 아버지께 탄원하신 제사장적인 목적에 우리가 연합하는 것은 명령된 축복을 천국으로부터 풀려나게 한다.

> 형제가 연합하여 동거함이
> 어찌 그리 선하고 아름다운고
> 머리에 있는 보배로운 기름이 수염 곧 아론의 수염에 흘러서
> 그 옷깃까지 내림 같고
> 헐몬의 이슬이 시온의 산들에 내림 같도다
> 거기서 여호와께서 복을 명하셨나니 곧 영생이로다
>
> 시편 133편

그것은 단순히 서로의 목적과 연합하는 것이 아니라, 그 축복을 명령하는 천국과 연합하는 것이다.

일반적인 오해

그리스도인들 사이에 천국의 정의와 재정 시스템에 관한 커다란 오해들이 많이 있다. 우리의 마음을 우리가 사랑하는 분께 더 가까이 두는 법을 보다 잘 이해할 수 있도록, 그런 오해들 가운데 몇 가지를 간략하게 정의해 보려고 한다.

1. 가난의 고통을 크게 당하면, 이 땅에서 보상받을 자격을 갖추게 된다.

하나님은 우리에게 고난의 대가를 지불하라고 요구하신다. 우리가 치른 희생에 대한 보상으로, 우리는 흔히 눈에 보이는 이득을 바라보기 시작한다. 그러나 세상의 어떤 보상도 천국에서 그리스도와 함께 받게 될 보상과 비교할 수 없다.

만약, 그분이 우리에게 지금 대가를 지불하라고 요구하시면, 우리는 천국에 보상을 쌓기 시작하는 것이다. 우리가 치른 희생의 대가를 영원 무궁토록 거두게 된다는 것이 그분의 극단적 정의이다. 때로는 우리의 희생이 그분과의 교제에서 더 높은 곳으로 데려갈 수도 있다. 왜냐하면 그것이 그분을 의롭게 사랑하는 자들의 목표이기 때문이다.

> 생각건대 현재의 고난은
> 장차 우리에게 나타날 영광과 족히 비교할 수 없도다
>
> 로마서 8:18

2. 원수의 책략을 분별하고, 마귀의 세력을 깨뜨림으로 도둑을 잡는다면, 7배의 재정축복을 받게 될 것이다.

하나님은 결코 우리에게 7배의 재정 보상을 약속하지 않으셨다. 그렇지만 그 성경구절은 많은 경우에 가난의 영을 끊어버리는 일에 사용되는데, 그것은 합법적인 것이다.

우리가 예수님과의 관계에 씨앗을 심고 있는 목적은 그분을 위한 것이다. 원수가 우리에게서 뭔가를 훔쳐 간다면, 우리에게는 그를 약탈할 권리가 있게 된다. 그것은 여러 가지 방식으로 일어날 수 있지만, 결코 우리의 예상대로 되는 것은 아니다.

> 들키면 칠배를 갚아야 하리니
> 심지어 자기 집에 있는 것을 다 내어 주게 되리라
>
> 잠언 6:31

원수가 우리에게서 뭔가를 훔치는 것은 하나님의 것을 도둑질하는 것이다. 이것은 원수에 대한 우리의 증언이 하나님께 더 큰 보상을 풀어놓으실 권리를 부여해 드린다는 것을 의미한다. 더 큰 보상이란, 원수로부터 빼앗아 예수님께 돌려드리는 보상을 말한다. 그것은 우리의 삶 속에서도 나타나겠지만 어떤 식으로 나타날 것인지에 대해서는 따로 정해진 방법이 없다.

이런 관계를 아름답게 하는 것은 하나님이 창조적인 분이라는 사실이다. 그리고 하나님은 그분의 정의가 풀려날 수 있도록 불의를 무너뜨리는 일에 우리를 사용하신다.

그것을 이런 식으로 상상해보라. 원수가 7백만 달러로 시작했는데, 당신에게서 1백만 달러를 훔친다면 그는 8백만 달러, 즉 그가 소유한 전부를 포기해야 할 것이다. 원수는 에덴동산에서 두 인간의 마음을 훔쳤지만, 십자가의 구속을 통해 예수님은 수십 억의 영혼들을 유업으로 받으셨다. 그들은 모두 죄와 어둠 속에서 태어나 원수가 자기 것이라고 주장했던 자들이었다. 바로 그것이 정의이다!

원수의 책략을 분별하고 그에게 문을 닫아버릴 때, 우리는 천국의 정의가 터져나와 보상을 최대화할 수 있도록 문을 열 수 있게 된다. 하지만 우리는 먼저 예수님이 자기의 보상을 받으시는 데 초점을 맞춰야 한다. 우리의 동기는 먼저 우리 자신의 보상을 받기 위한 것이 될 수 없다. 그러나 우리가 예수님의 소유를 그분께 돌려드리려는 하나님의 거룩한 일정표를 이해한다면, 우리 자신의 보상을 추구하기 전에 그런 천국의 일정표를 따르는 것을 두려워하지 않을 것이다. 왕의 소유를 훔친 도둑을 잡는 사람은 그 도둑을 왕께 내어드릴 때, 풍부한 보상을 받게 될 것이다.

3. 10퍼센트의 십일조를 드리면 100배의 재정축복을 받게 될 것이다.

우리는 우리의 가치 체계를 천국의 가치 체계에 맞춘다는 표시로, 그리고 우리가 하나님께 속해 있다는 선언으로 십일조를 한다. 우리는 예수님 자신의 목적에 씨앗을 뿌리고 있는 것이다. 따라서 당신이 드릴 때 드린 그 특정 영역에서 100배로 돌려받지 못할 수도 있지만, 풍성한 축복을 받을 수 있도록 당신 자신을 열어놓는 것이 된다.

하나님은 사람들에게 오직 재정적인 영역에서만 갚아주시는 데 고착된 분이 아니다. 만약 그분이 그런 분이라면, 많은 사람들이 재물을 낭비하다가 그 재물 때문에 파멸하고 말 것이다. 사랑과 건강, 관계, 훈련, 지혜, 지식, 기술 등과 같이 보다 추상적인 영역에 더 강력한 필요가 있을 수도 있다.

우리가 재정적으로 드리는 것이 우리 위에 은총의 축복들을 풀어놓는다. 그 신적인 은총은 서로 다른 여러 가지 형태의 공급하심으로 나타날 수 있다. 우리는 신적인 은총을 세상적 금전체계의 필터를 통해 판단할 수 없다. 만약 그렇게 한다면, 우리는 언제 하나님이 우리와 함께 계시면서 우리 안에서, 우리를 통해서, 그리고 심지어 우리를 위해서 역사하시는지 이해하지 못하게 될 것이다.

비록 희생을 치르게 되더라도, 우리가 왕의 가치 체계를 견고히 붙잡는다면, 그분은 단순히 우리가 느끼는 필요만이 아니라, 그분 자신이 합당하다고 여기시는 모든 방법으로 우리의 필요를 더욱 더 깊이 충족시켜 주실 수 있다. 하나님은 때로 우리가 이해하지 못하는 방법으로 우리의 필요를 채워주기도 하시는데, 그것은 그분의 길이 우리의 길과 같지 않기 때문이다. 그분은 우리의 필요를 뛰어넘어 그분과 영원을 보낼 수 있도록 우리를 준비시키기 원하신다. 우리의 보물이 있는 곳에서 우리의 마음도 발견될 수 있다는 것을 기억하라. 그것이 바로 큰 희생을 요구하는 금전적인 방법으로 드리는 것이 그토록 중요한 이유이다.

10퍼센트 모델은 새 언약의 모델 중 일부에 불과한 것이다. 새 언약 아래서, 하나님은 우리를 온전히 소유하기 원하신다. 그것은 우리의 모든 소유가 그분의 것임을 의미한다. 따라서 그분은 언제든지 그분의 목적을 위해 우리의 소유를 요구하실 수 있다.

나는 하나님의 인도하심을 받아 자신의 수입 중에서 엄청난 비율을, 심지어 70퍼센트까지 드리는 많은 사업가들을 알고 있다. 그들의 순종적인 마음 때문에, 그 사업가들을 계속적으로 성공하게 하는 것이 천국 최대의 관심사인 것처럼 보였다. 그러나 하나님은 그 사업가들을 전혀 다른 기능으로 사용하고 싶어하실 수도 있다. 우리 생애에 보장된 것은 아무것도 없기 때문이다.

마리아가 향유 옥합으로부터 값비싼 나드향유를 쏟아부었던 것처럼(마 26:6-13), 하나님께서는 심지어 우리에게 우리의 재산을 제물로 쏟아부으라고 요구하실 수도 있다. 혹은 우리가 땅의 가장 먼 지역들로 나아가는 선교활동에 자금을 댈 수 있도록 우리를 물질적으로 번영케 하고 싶어하실 수도 있다.

우리가 오직 10퍼센트만 드리도록 부르심을 받았다면, 나머지 돈에 대해서는 하나님께 책임을 지려고 하지 않을 것이다. 그러면 우리는 그분의 갈망과는 동떨어진 존재가 될 수도 있을 것이다. 우리가 성령을 통해 예수님과 언약을 맺었기 때문에, 그 관계의 기름부음이 우리의 모든 소유가 그분의 것임을 확증해준다.

사실 이것 때문에 우리는 자유를 누리는 가운데 우리에게 필요한 모든 공급물자를 훨씬 더 충만하게 요구할 수 있다. 우리는 그분의 것이며 우리의 결핍은 곧 그분의 결핍이기 때문이다. 따라서 우리는 이런 희생적인 모델을 받아들여야 한다. 그럴 때 우리의 삶은 그 자체가 그분의 것이 되어 그분이 합당하다고 여기실 때는 언제든지 마음대로 하실 수 있게 될 것이다. 즉 그분이 원하실 때는 언제든지 우리의 돈이나 혹은 우리의 삶 자체를 요구하실 수 있게 되는 것이다. 그러므로 우리가 의도만이 아니라 행동으로써 그분의 소유로 간주하는 것이 무엇인지 하나님께서 아실 것이기 때문에, 우리는 그 어느 때보다 더 많은 소유의 청지기가 될 수 있다. 원수가 우리에게서 뭔가를 훔쳐갈 때, 하나님은 자신을 부인하실 수 없기 때문에 즉각적으로 우리를 위해 행동을 취하실 것이다.

  새 언약의 그리스도인들에게, 10퍼센트 모델은 하나님께 드리는 일의 출발점에 불과하다. 그것은 희생적인 삶을 살도록 우리를 훈련하는 최소한의 기준이다. 하지만 성숙해 가면서 우리는 재정 이상의 훨씬 더 많은 것들을 희생하게 될 것이다. 즉 우리의 모든 자원들이 하나님의 목적을 위해 그분의 손으로 들어가게 될 것이다.

Chapter 8

하나님의 보물창고

..... 용사의 빼앗은 것을
어떻게 도로 빼앗으며 승리자에게 사로잡힌 자를
어떻게 건져낼 수 있으랴마는
나 여호와가 이같이 말하노라
용사의 포로도 빼앗을 것이요
강포자의 빼앗은 것도 건져낼 것이니
이는 내가 너를 대적하는 자를 대적하고
네 자녀를 구원할 것임이라.

이사야 49:24-25 .....

18살의 나이에, 제임스(James)라는 친구가 입신상태에 들어가게 되었는데, 거기서 그는 어떤 무서운 영적 장소로 데려가졌다. 사람들이 쇠사슬로 벽에 묶인 채 고통 가운데 괴로워하고 있었다. 주님께 속한 것이 분명한 값비싼 금이 여러 박스 안에 담겨진 채 자물쇠가 채워져 있었다. 분명히 예수님께 속해 있는 예언적인 약속들을 귀신들이 붙잡고 있었다. 제임스는 그곳이 어딘지 몰랐으나, 곧바로 그렇게 심각하게 억눌려 있는 장소가 둘째 하늘에 사로잡힌 채 쌓여 있는 하나님의 보물창고라는 것을 깨달았다.

처음에 그는 혼란스러웠다. 마치 원수가 하나님께 속한 것임에 틀림없는 모든 사람들과 자원들과 부르심들을 소유하고 있는 것처럼 강력한 속박이 그곳을 지배하고 있었기 때문이다. 제임스는 원수가 마땅히 주님께 속한 것을 반환하도록 기도하면서 중보하기 시작했고 18세의 나이를 뛰어넘는 특별한 영적 권위를 발휘하기 시작했다. 그가 하늘의 하나님과 동의한다는 것을 확고히 했을 때 하나님께서 그의 기도에 응답하기 시작하셨다.

원수는 함정에 빠뜨리고 노예로 만들기 위해 할 수 있는 일이라면 무엇이든 할 것이다. 그는 어떤 것도 창조할 수 없다(문제와 혼란을 제외하고). 그가 우리를 타협하게 만들거나 죄에 대해 문을 열게 만들려면, 우리의 연약한 인간적 의지를 이용해야 한다. 그런 다음 그는 그 열린 틈으로 달려들어 그것을 자신에게 유리하도록 이용한다.

원수는 2001년 9월 11일의 비극에 관여한 테러분자들과 마찬가지로 아무도 모르는 사이에 은밀하게 활동한다. 그 테러분자들은 세계무역센타 건물을 파괴하기 위해 새로운 기술을 사용하지 않았다. 그들은 대량

파괴 무기를 들여오지도 않았다. 그것은 아마도 그런 무기들을 입수하지 못했기 때문이었을 것이다. 그들이 취한 행동은 우리에게 있는 무기들을 사용해서 우리를 대적하는 전략을 세운 것이었다. 그들은 미국의 비행학교에 입학하여 미국의 비행운항시스템을 배웠다. 그런 다음에는 대량파괴를 일으켜 공포의 위협으로 미국을 약화시키기 위해 미국의 비행기 4대를 공중납치했다.

원수는 불법이용과 속임수의 대가다. 그는 사역에 사용되는 바로 그 수단들을 이용하여 하나님이 출산하실 아름답고 고귀한 보물에 대적하려고 한다. 원수는 한 가지 거짓말이 섞인 아홉 가지 진리를 사용하여 자신의 영역을 확장시키는데, 타협하려고 하는 자들을 미혹하여 그런 속임수에 동의하게 함으로써 그런 목적을 달성한다.

하나님이 그에게 허용하신 제한된 자원들과 짧은 줄을 가지고 사탄이 그토록 간교할 수 있다는 것은 정말 놀라운 일이다. 하나님은 그에게 아무것도 주신 적이 없다. 사탄은 하나님께서 성공에 필요한 재능과 은사와 일정 분량의 은혜를 주신 인간들을 조종하고 통제함으로써 세력을 확장하고 영향력을 행사한다.

그러면 하나님께서 세계 전역에서 사람들을 깨우기 시작하실 때 무슨 일이 일어나는가? 한 세대 전체가 죄의 욕구에 따르기보다 하나님을 따르기 시작할 때 무슨 일이 일어나는가? 원수가 쫓겨난다. 왜냐하면 그의 유일한 도구와 자원은 인간이 죄를 통해 빼앗기는 것이기 때문이다.

그렇기 때문에 하나님께서 에서를 미워하신 것이다. 즉, 그가 자신의 유업을 멸시하여 잃어버렸기 때문이다. 그 유업은 에서의 것이었을 뿐만 아니라 천국의 통치자이신 하나님의 것이기도 했다. 우리가 우리의 은사와 재능을 멸시하는 것은 다름 아닌 하나님을 멸시하는 것이며, 우리 자신의 육신을 따르는 것이다. 그것은 곧 원수로 우리의 은사와 능력을 통해 역사할 수 있게 하는 것이다. 다른 사람들에 의해 성숙한 그리스도인으로 여겨지는 사람들 중에도 자신의 영적인 유업을 멸시하는 죄를 범하는 자들이 있다.

반면에, 보다 큰 그림은 하나님께서 그 나라의 통치권을 가지고 계시다는 것이다. 하나님은 그분께 귀중한 것 중에서 단 한 조각도 원수에게 빼앗긴 적이 없으셨다. 게다가 하나님께서는 창조하고, 생명을 불어넣고, 열매를 맺게 할 능력이 있다. 하나님께서 인간에게 성공과 결실능력을 주시는 것이 원수로 질투하게 만든다는 것은 의심의 여지가 없다. 뿐만 아니라 하나님의 자녀들이 조종과 기만에서 생겨나는 열등하고 세속적인 결실능력을 모방하려고 노력하는 것이 하나님께 엄청난 실망감을 안겨드린다는 것 또한 의심의 여지가 없다.

천국의 창고에 들어가 하나님께 속한 것을 되찾을 수 있는 열쇠는 그분의 뜻에 우리 자신을 맞추고, 그분의 소유에 대해 그분과 동의하는 것이다. 우리가 더 이상 우리의 권리를 빼앗기지 아니하고 우리 자신을 하나님께 내어 드린다면, 우리가 사용할 수 있는 그분의 모든 소유를 얻게 될 것이다.

선물로 받은 롤렉스 시계

두 번째로, 재정장관 천사의 방문을 받은 다음 날 아침, 잠에서 깨어보니 나와 함께 머물고 있던 그 가족은 벌써 일어나 활동하고 있었다. 그

가족의 가장 어린 아들이 흥분된 마음으로 가득차 나에게 인사했다. "어젯밤 샨 형에 관한 꿈을 꿨어." 그가 말했다. "한 남자가 형에게 시계를 줬는데 롤렉스 시계였어. 그분은 형이 그 시계로 새로운 시간을 분별할 수 있게 될 거라고 말했어!"

그 일곱 살짜리 아이의 꿈이 내 마음을 찔렀다. 나는 평생동안 롤렉스 시계를 몇 번밖에 보지 못했다. 가까스로 기억해낼 수 있었던 것은 시계 표면에 눈에 띄는 특징, 즉 왕관 표시가 있었다는 것이다. 솔직히 말해서, 나는 실제 롤렉스 상표에 대해서는 거의 관심을 두지 않았지만 롤렉스의 상징적 그림은 나에게 아름다운 것이었다. 그때 나는 영 안에서 주님이 말씀하시는 것을 들었다. "내가 너의 시간에 나의 목적이라는 왕관을 씌워줄 것이다." 나는 그 말의 의미를 깨닫지 못했지만 그 말 자체는 시적이고 우아하게 들렸다. 그리고 마음속으로 그분이 말씀하신 것에 크게 기뻐했다. 그 말씀이 어떤 초대처럼 느껴졌기 때문이다.

두 달 후, 나는 아이다호주(州)의 한 컨퍼런스에서 말씀을 전했다. 집에 돌아왔을 때, 나는 컨퍼런스 주최측으로부터 전화를 받았다. 그녀가 물었다. "우리가 헌금으로 받은 그 시계를 기억하시나요? 모든 사람이 기도했는데 당신이 그 시계를 받아야 한다고 느꼈습니다. 혹시, 기도해 보셨어요?"

나는 깜짝 놀라서 물었다. "무슨 시계요?" 그것은 나에게 새로운 계시와도 같았다. 그 시계에 대해서 전혀 들은 바가 없었기 때문이다.

"제가 말씀 안드렸나요?" 그녀가 대답했다. "롤렉스 시계요. 그 시계를 감정해 봤는데 진짜더군요. 그것을 당신에게 드려야 한다고 느낍니다. 하나님께서 시계에 관해 말씀하신 게 있습니까?"

나는 충격을 받았다. 롤렉스 시계를 갖는 것이 자연계에서는 나에게 아무런 의미가 없었지만, 하나님이 전달하시려는 영적인 의미는 엄청난 것이었다. 마치 하나님께서 일곱 살짜리 아이의 꿈에서 중요한 뭔가를 현실로 나타나게 하셔서 심상치 않은 메시지를 강조하려고 하시는 것 같았다. 전에 들었던 두 개의 문장이 기억났다. '형은 새로운 시간을 분별하는 법을 배우게 될 거래.' '내가 너의 시간에 나의 목적이라는 왕관을 씌워줄 것이다.'

그녀는 오리곤주(州) 알버니에서 열리는 다른 컨퍼런스 때, 그 시계를 나에게 직접 전달해 주겠다고 제안했다. 마침 나는 그 컨퍼런스에서 설교하기로 되어 있었다.

처음에 나는 아무에게도 말하지 않았다. 그 소식으로 충격을 받았기 때문이었다. 그러다가 그 시계를 받기 2주 전에 나는 캔자스시 국제 기도의 집에서 열리는 한 집회에 참석했다. 그런데 내가 모르는 한 여성이 다가와 이렇게 예언했다.

"하나님께서 당신의 팔목에 롤렉스 시계를 채워 주시는 모습이 보입니다. 그것은 금과 은입니다. 그분이 이 일을 행하시는 이유는 당신의 시간을 가속화하실 것이기 때문입니다. 그것은 금과 은으로 된 시계입니다. 그것은 그분이 당신의 마음속에 넣어주신 모든 것을 성취할 수 있도록 천국의 자원들이 가속화된 속도로 당신에게 올 것을 의미합니다."

그 여성은 나의 롤렉스 이야기를 전혀 들어보지 못했던 사람이었다. 개인적으로 단 세 명에게만 이야기했었기 때문에 나는 소스라치게 놀랐다.

갑자기 그녀에게 그 롤렉스 시계가 어떻게 생겼는지 설명해 달라고 부탁하지 못했다는 생각이 머리를 스치고 지나갔다. 나는 사실 롤렉스 시계가 어떻게 생겼는지 알지 못했다. 과거에 한두 번 보았지만 거의 기억이 나질 않았다. 그래서 그날 밤 나는 그녀에게 전화를 걸어 전에 받은 예언적인 말씀을 그녀와 나누었다. 그녀는 그 롤렉스 시계가 금과 은으로 되어 있었으며 표면에 왕관이 있었다고 말했다. 하나님께서 영적인 의미를 깨닫게 하기 위해 자연적인 물품을 사용하신다는 사실이 너무나 놀라웠다.

에서의 영

시계를 받았을 때, 나는 하나님께서 실제로 어떤 물건을 통해 나에게 말씀을 전달하셨다는 것에 대해 경외감에 사로잡혔다. 세상에서는 지위를 상징하지만 나에게는 왕관이 씌어진 시간만을 의미하는 시계를 의도적으로 사용하셔서 하나님은 엄청난 의미를 전달하고 계셨다. 나에게 첫 번째로 든 생각은 그 시계를 팔아서 사역에 필요한 여분의 공급물자를 구입하거나 아니면 가난한 자들에게 줄 선물을 사는 것이었다. 그래서 그 시계를 팔 방법들을 찾아보다가 거의 팔 준비가 되었는데, 그때 주님으로부터 다음과 같은 강한 질책을 받았다.

"에서는 공급물자[다른 말로 하면, 그는 배가 고팠다]가 필요해서 자기의 유업을 팔았고, 그래서 내가 그를 미워했다. 너도 나에게 그와 같이 하려느냐?"

나는 주님이 자연적인 영역에서 나에게 사랑의 징표와 예언적인 표적을 주셨음을 깨달았다. 그분은 그 시계가 나에게 예언적인 상징으로 작용하기를 원하셨다. 그런 다음 그분이 나에게 이렇게 말씀하셨다.

"너는 자연적인 영역에서 그 시계를 소유하도록 부르심을 받았다. 그것이 위험해지는 유일한 때는 네가 소유한 것에 흡족해하면서 자기만족에 빠질 때이다. 내 영의 감동으로 네가 소유하게 되는 모든 것은, 너로 하여금 나와 함께 거하려는 최상의 목표를 향해 훨씬 더 힘차게 달려가게 해줄 것이다."

나는 마음에 밀려오는 감동을 주체할 수가 없었다. 그 시계는 나의 관점 전체를 바꿔놓았으며 소중한 보물이 되었다. 하지만 세상적인 가치 때문이 아니었다. 그랬다면 우상이 되었을 것이다. 그 시계는 나에게 기념품으로서의 가치도 갖지 못했다. 그 시계 앞에 내가 제단을 쌓고 자기만족에 빠지지 않기 위해서였다. 오히려, 나에게 그 시계의 가치는 하나님의 사랑이 얼마나 실제적인가를 보여주고, 나에게 그분의 사랑이 얼마나 더 필요한가를 보여주는 데 있었다. 그것은 내 안에 그분과 함께 있기 원하는 천상의 목표를 향한 열망을 불어넣어 주었다.

하나님은 우리가 이 세상의 물건들을 소유하는 데 제한을 두고 싶어하지 않으신다. 하지만 그분은 궁극적으로 그것들이 우리를 그분께로 이끌어가야 한다고 요구하신다. 그렇지 못하다면, 그 물건들은 우리의 관심을 다른 데로 돌려 그분으로부터 멀어지게 할 것이다. 기억하라! 우리의 보물이 있는 곳에 우리의 마음도 있다는 것을!

어느 날 하나님께서 그 시계를 다른 사람에게 주라고 나에게 요구하실 지도 모른다. 그분이 그렇게 하라고 하시면 나는 실제로 그렇게 하려고 한다. 그것은 그분의 것이다. 그 시계는 나를 향한 그분의 사랑과 교제의 뚜렷한 증거 역할을 수행했다는 점에서 나에게 도움이 되었다. 게다가, 이 땅에서 영원한 것은 아무것도 없다. 우리는 이 지구상에서 결코 영원한 존재가 아니다. 그럼에도 불구하고, 하나님이 그것을 나에게 주셨기 때문에, 다른 사람에게 주라고 말씀하실 때까지는 감사한 마음으로 그 시계에 대한 청지기 역할을 감당할 것이다.

교만의 기습공격

많은 사람들이 자기 자신의 힘과 기술과 능력으로 하나님의 보물창고에 있는 물건들을 얻었다고 믿는다. 그들은 열심히 일했고, 매우 노력한 흔적이 있으며, 스스로 그것을 성취했다. 기만에 빠지기 쉬운 사람들은 다음과 같은 진술을 읽고서 스스로 의롭게 여기며 곰곰이 생각한다. '다른 사람들이 자기 자신의 힘에 대해 스스로 그만한 능력이 있다고 믿는 것은 얼마나 보기 흉한 일인가. 나는 그렇게 믿지 않아서 다행이다.'

하지만 바로 그런 사람들이 교만에 빠진다. 지난 번에 속임에 빠졌을 때, 나는 내 자신이 진리에서 벗어나 있었다는 것을 전혀 알지 못했다. 그것이 기만의 본질이다.

우리는 지금 예수님의 재림을 향해 더 가까이 나아가고 있다. 내일은 아닐지라도 머지않은 것만큼은 사실이다. 주님을 경외하는 마음이 우리를 사로잡아야 한다. 우리가 그 결정적인 시간을 향해 더욱 가까이 나아가고 있기 때문에, 하나님께서 언약의 백성들에게 전무후무하게 재물 얻을 능력을 풀어놓고 계신다. 하나님은 예수님과 우리에게 그분의 언약을 확증해주고 계신다.

많은 사람들이 성공을 맛본 후, 교만으로 눈이 먼 나머지 성공이 자기 자신의 은사와 재능을 통해 왔다고 믿게 되었다. 환경이 육체적인 쾌락으로 우리를 편안하게 할 때, 예수님께서 그분 자신에게 속한 유업을 받으시기를 갈망하는 우리의 절박한 마음을 잃어버리기란 엄청나게 쉬운 일이다.

솔로몬이 그 덫에 빠졌다. 그런데도 그는 모든 역사에서 가장 지혜로운 사람으로 여겨진다. 그토록 엄청난 지혜를 소유했던 그가 어떻게 가장 높은 하나님 나라의 목적보다 열등한 것에 안주할 수 있었을까? 그것은 한 가지 사실, 즉 솔로몬이 자기만족에 빠졌기 때문에 일어난 것이었다. 그는 영원을 추구하는 절박한 마음을 잃어버렸고, 그로 인해 세상적인 쾌락에 집중하게 되었다. 그것은 나에게 이 땅의 가장 강렬한 쾌락은 심지어 지혜자 중의 지혜자라고 하는 사람에게도 완벽한 모조품이 될 수 있다는 것을 말해준다. 우리는 세상적인 것들이 영적으로 느껴질 때라도 거기에 만족하지 않도록 조심해야 한다.

하나님의 의도는 진실하다. 그래서 그분은 자신의 자원을 맡길 사람들 안에 있는 교만을 용납지 않으실 것이다. 하나님은 그 자원들을 성자 예수님의 유업에 투자하려고 하신다. 앞에서 다음의 성경말씀을 사용했지만 다시 한 번 살펴보도록 하자.

> 그가 내게 일러 가로되
> "여호와께서 스룹바벨에게 하신 말씀이 이러하니라.
> 만군의 여호와께서 말씀하시되
> '이는 힘으로 되지 아니하며
> 능으로 되지 아니하고
> 오직 나의 신으로 되느니라.'"
>
> 스가랴 4:6

하나님의 성령께서 스룹바벨에게, 능력을 주시는 분은 하나님이지 그 자신의 기술이나 능력이 아니라는 것을 인식하면서 성전 건축을 완성하라고 격려하고 계셨다. 하나님의 성전을 건축하는 문제에 관한 한, 그분은 어떤 비용도 아끼지 않으신다. 그분은 그 일을 위해 부르신 자들에게 끊임없이 능력을 부여하실 것이다. 그럴 때 우리는 하나님의 목적을 위해 거룩한 청지기 직분을 수행할 수 있다.

거룩한 보상물

예언적인 목소리이자 나의 친구인 바비 코너(Bobby Conner)는 한 걸음 더 나아가 하나님께서 청지기 직분을 위한 보상물(incentive)을 우리 안에 풀어놓으신다고 말한다. 다윗이 이스라엘 사람들에게 물어보았다가 골리앗을 죽이는 사람은 재물과 왕의 딸과 세금 면제를 받으리라는 것을 알았을 때, 그것은 하나님의 언약 백성을 가로막고 있던 거인을 죽이는 데 큰 자극제가 되었다.

그리고 앞서 언급했듯이, 솔로몬이 성전을 건축했을 때도 굉장히 멋진 궁전을 짓기에 충분한 공급물자가 남아 있었다. 때때로 우리는 하나님의 더 높은 목적이 성취되도록 길을 닦을 때 개인적인 유익을 얻을 수도 있다. 그분은 우리에게 풍부한 보상을 주신다. 하지만 보상이 우리의 유일한 초점이나 관심사가 될 수는 없다.

다윗은 보상물이 제공되지 않았더라도 골리앗을 죽였을 것이다. 우리가 그 사실을 아는 것은, 그가 이미 자신이 돌보고 있던 양떼를 공격하려고 하는 사자와 곰을 죽인 적이 있었기 때문이다. 골리앗을 죽일 때, 다윗은 사울이 제공한 보상물을 덤으로 받았다. 하지만 그것은 단지 그에게 하나님의 선하심을 더욱 알도록 해주었을 뿐이었다.

하나님은 우리에게 천국에서 기다리고 있는 놀라운 보상 외에도 예수님의 보상을 주신다. 그러면서도 그분은 계속해서 영적인 우편엽서를 보내 천국의 보상을 상기시키고, 우리의 열정에 불을 붙이신다. 그 보상물은 우리의 열정을 구성하는 요소는 아니지만, 다윗이 언급한 것과 같은 열심을 불러일으킨다.

> 주의 집을 위하는 열성이 나를 삼키고
>
> 시편 69:9

주님께서 솔로몬에게 그가 원하는 것이면 무엇이든 주겠다고 제안하셨을 때, 솔로몬은 그 보상물이 초점이 아니라는 것을 알았다. 그는 하나님께 부나 능력의 청지기가 되게 해달라고 구하지 않고 지혜와 분별력을 구했다.

> 솔로몬이 이것을 구하매
>
> 그 말씀이 주의 마음에 맞은지라
>
> 이에 하나님이 저에게 이르시되
>
> 네가 이것을 구하도다
>
> 자기를 위하여 수도 구하지 아니하며
>
> 부도 구하지 아니하며
>
> 자기의 원수의 생명 멸하기도 구하지 아니하고
>
> 오직 송사를 듣고 분별하는 지혜를 구하였은즉
>
> 내가 네 말대로 하여
>
> 네게 지혜롭고 총명한 마음을 주노니
>
> 너의 전에도 너와 같은 자가 없었거니와
>
> 너의 후에도 너와 같은 자가 일어남이 없으리라
>
> 열왕기상 3:10-12

예수님조차도 아버지께 전심으로 순종하시면서 보상물로부터 유익을 취하셨다. 즉 그분은 일차적으로는 아버지의 기쁨을 위해 순종하셨지만, 이차적으로는 자신에게 약속된 유업을 위해 순종하셨던 것이다.

청지기 직분의 동기

나는 솔로몬이 구했던 것처럼 하나님의 마음을 분별하는 것 외에 다른 어떤 계획도 원치 않을 세대를 지금 하나님께서 부르고 계신다고 믿는다. 하나님은 우리 세대가 지구상의 다른 어떤 세대와도 같지 않다고 선언하고 계신다. 하나님을 향한 열심은 우리의 청지기 역할을 제한하는 것이 아니라, 더 많은 책임을 요구하고 천국과 동역하는 특권을 제공한다.

지나간 세대를 살펴볼 때, 우리는 재물이 해답이 아님을 확신하게 된다. 자원도 아니다. 오직 우리 삶 속에 거하시는 막힘없는 성령의 임재만이 우리의 내적 갈망을 만족시킬 수 있다. 우리가 하나님의 마음을 알기 위해 바울만큼 절박한 마음을 가진다면, 우리는 풍부한 것들을 끌어오게 될 것이며, 그 풍부함 때문에 더욱 더 하나님을 의존하는 자리로 이끌리게 될 것이다. 그리고 하나님은 우리를 신뢰하실 수 있는 정도에 비례하여 청지기 직분을 풀어놓으실 수 있게 된다.

어느 날 내가 기도하고 있을 때, 하나님께서 내가 한 번도 생각해보지 않은 것을 언급하셨다. 그분은 이렇게 말씀하셨다.

"나는 하늘과 땅의 자원들을 가지고 청지기 직분 수행하기를 기뻐한다. 나는 인간들도 나와 마찬가지로 청지기 직분을 즐기도록 나의 형상으로 창조하였다."

당신이 하나님께서 우리를 돈에 대한 청지기 직분을 즐거워하도록 창조하셨다는 것을 알고 있었는가? 그분은 소유를 관리하는 데서 큰 즐거움을 얻도록 우리를 창조하셨다. 이 원리는 마귀의 세력들에 의해 철저히 찢겨지고, 교회의 종교적인 영이 그 자리를 차지한다. 예수님께서 그분의 신부인 우리에게 청지기 직분을 주시는 의도는 단순히 우리를 시험하여 우리의 인격을 평가하고 성장시키기 위한 것만이 아니다. 그분은 우리가 재정과 자원의 영역에서 그분 자신과 동역하기를 즐기기 원하신다.

일단 사람이 풍부한 자원들을 얻기 시작하면, 그것이 삶을 단순하게 하기보다 복잡하게 만드는 것이 사실이다. 가진 자들은 더 많은 것을 원한다. 왜냐하면 자신이 이미 얻은 부를 지탱하기 위해서는 더 많은 것이 요구되기 때문이다.

동시에, 자원들을 자기 마음대로 사용하기 위해서는 더 큰 권위와 책임을 행사할 수 있어야 하며, 따라서 하나님 나라의 자원들을 가지고 다른 수준의 동역을 할 수 있어야 한다.

많은 사람들이 결과를 고려하지 않은 채 더 많은 것을 얻기 위해 부르짖는다. 하나님은 우리가 원하는 것을 항상 우리에게 줄 수는 없다는 것을 아신다. 왜냐하면 우리 스스로는 준비되어 있다고 느낄지 모르지만 우리에게 그것에 따르는 책임을 감당할 준비가 되어 있지 않기 때문이다. 그런데도 우리가 구하는 것을 다 주시면 그것이 우리를 파멸시킬 수도 있다. 만약 하나님께서 당신이 경영하는 사업의 수입과 영향력을 배가시킨다면, 당신은 더 많은 종업원들과 장비, 그리고 더 큰 작업공간을 필요로 하게 될 것이다. 혹은 하나님께서 당신의 교회를 더 큰 건물로 옮겨주신다면, 그것을 유지하기 위해서 더 많은 비용이 필요하게 될 것이다. 당신이 더 많은 것들의 청지기가 될수록 더 많은 책임이 요구된다.

많은 것이 주어진 자에게는 많은 것이 요구된다. 만약 우리가 예수님을 위해 하나님의 보물창고의 청지기가 된다면, 바로 그 보물창고의 열쇠를 붙잡는 데 얼마나 많은 책임이 수반되겠는가? 모든 사람에게는 천국의 자원들을 어떻게 사용했는지에 대해 보좌 앞에서 해명할 의무가 있다. 하나님 대신에 사람을 기쁘게 하려고 함으로써 인간 제단 앞에 절하라는 유혹에 넘어가지 말라.

재물의 책임

부자들에게 부여된 거대한 청지기적 책임에 대해 생각해보라. 나는 수백만 달러 가치의 회사 여러 개로 시작하여 자기 도시에서 가장 부유한 사람들 가운데 속하게 된 한 경건한 사람을 알고 있다.

해마다 그는 다른 나라의 선교사들로부터 시작해서, 자식에게 필요한 수술비용을 지불할 능력이 없는 독신모에 이르기까지 정말로 절박한 필요가 있는 사람들로부터 수만 통의 편지를 받는다. 그런 필요들로 인해 그는 계속해서 무릎을 꿇고 기도하며 하나님께 이렇게 간구한다. "당신의 돈에 대한 청지기 직분을 어떻게 감당해야 합니까?" 그는 진실로 그것이 하나님의 재물이라는 것을 알기 때문에 하나님의 마음에 합한 사람이다.

하나님의 지도자들에 대한 신중함

나는 이제 위험한 주제를 언급하려고 한다. 왜냐하면 그것이 너무나 균형잡히지 않은 것일 수 있기 때문이다. 너무나 자주 사람들은 자신의 문제에 대해 다른 사람들, 특히 지도자들을 비난한다.

그러나 또 다른 딜레마가 그리스도의 몸 앞에 놓여있다. 여러 명의 저명한 교회 지도자들이 잘못된 동기를 가지고 교회의 재정에 대한 청지기 직분을 수행해왔다. 그들은 사람들을 착취하기 위해 하나님 나라의 대의(大義)를 사용해왔다. 그것은 하나님 나라를 세우려는 것이 아니라 그들 자신의 계획을 성취하려는 것이었다.

지난 10년간, 기독교인들과 교회들 및 사역단체들은 터무니없는 투자계획들을 통해 수억 달러의 돈을 횡령했다. 잘 알려지고 영향력있는 여러 명의 남녀 사역자들이 불법적인 사업에 뛰어들도록 유혹을 받았다. 많은 사역단체들은 실제로 그런 불법적인 사업들에 더 많은 돈을 투자하기 위해 지역교회 회중들이나 후원조직들로부터 돈을 모금했다. 하지만 그 사업들은 결국 실패로 끝이 났다.

그런 터무니없는 투자계획들로부터 어떻게 우리 자신을 지킬 수 있는가? 그것은 매우 간단하다. 즉, 당신은 하나님을 섬기는 자들을 그 열매로써 알게 될 것이다. 자원들의 청지기 직분을 지혜롭게 수행하고 있는 사람은 뜨거운 열정과 영혼들의 회심, 기적, 훈련과 무장 등의 열매를 맺을 것이다. 그것은 그들이 제자들을 재생산하게 됨을 의미한다. 그런 식으로 그들은 공급을 받을 것이다.

그리스도의 몸에 속한 교회들은 재정적인 영역에서 아주 개방적이고 정직해야 한다. 그들은 정직함에 대한 세상적 기준이 아니라, 하나님의 기준을 붙들어야 하기 때문이다. 그리스도의 몸 안에서 재정에 대한 청지기 직분을 위임받은 대부분의 지도자들은 선을 행하고, 하나님의 뜻을 이루며 사람들을 사랑하려는 진실하고 고귀한 마음을 가지고 있다. 반면에, 후원자들을 이용하는 데까지 나아가는 사역단체들은 좋은 의도를 가지고 있긴 하지만, 대개는 불순한 동기 때문에 책임성이 부족한 것처럼 보인다.

사실 수십만 명의 지도자들이 있지만, 그들 모두가 회중들에게 책임감을 가지고 있거나 하나님의 뜻 가운데 행하고 있는 것은 아니다. 이런 상황을 바로잡는 것은 모든 교인들의 책임이 아니라 하나님의 책임이다. 그러나 교인인 우리의 책임은 우리를 인도하고 있는 남녀 사역자들을 '아는' 것이다. 그것은 우리에게 붙여주신 지도자들의 대의(大義)만을 섬기기 위한 것이다.

예를 들어, 당신의 수입이나 사업 이득이 매년 수억 달러인데 당신이 100여 명의 교인들로 구성된 작은 지역교회에 출석한다고 해보자. 만약 당신이 10퍼센트의 십일조 전체를 그 한 교회에 드린다면 일 년에 수백만 달러가 될 수도 있다. 그 교회의 예산이 수십만 달러 이하라고 해보자. 청지기로서 그 재정을 올바로 사용하기 위한 비전이나 인격이 없다면, 축복이 될 수 있는 부가적인 돈이 그 교회를 완전히 파멸시켜 버릴 수도 있다.

주님께 재물의 축복을 받는 사람들에게는, 그들의 십일조와 헌금을 받게 될 사역단체에 대한 신뢰구축이 반드시 이뤄져야 한다. 어떤 사역단체들은 이런 말을 듣기 힘들어하겠지만, 재물의 분배는 사람이 하나님 앞에서 높은 책임감을 가지고 해야만 하는 것이다.

내가 아끼는 친구 몇 사람은 하나님께 재물의 축복을 받았을 때 여러 곳에 재정을 드리라는 부르심이 있다고 느꼈다. 하지만 그들이 출석하는 교회의 목사는 그들이 성경적인 모델을 따르지 않고 있기 때문에, 교회의 소유를 도둑질한 것에 대해 하나님의 저주가 그들에게 임할 것이라고 말했다.

다른 교인들을 전부 합친 것보다 훨씬 더 많은 물질을 나누어주고 있던 그 가련한 사람들은 너무나 심각한 혼란에 빠졌으며, 그 결과 무거운 멍에가 그들 위에 지워졌다. 그래서 그들은 성령의 인도하심을 거스리고 모든 돈을 그 목사에게 드렸다. 말할 필요도 없이, 그 교회는 일 년 안에 산산조각 나버렸으며, 그 목사는 간음을 저지르고 교회계좌에서 엄청나게 많은 돈을 세탁해온 것으로 드러났다.

위험 신호

어떤 사람이든지 영감을 주기보다는 교묘한 조종으로 당신의 재정이나 자원들을 통제하려고 할 때, 뚜렷한 빨간 깃발이 당신의 마음 속에서 경고를 발해야 한다. 만약 하나님께서 당신에게 많든 적든 물질의 청지기 직분을 주신다면 당신은 두 가지를 해야 한다.

1. 하나님께서 당신이 속한 사역단체나 교회에 몇 퍼센트를 드리라고 인도하시든 그대로 하되, 어떤 조건이나 단서도 붙이지 말고 거저 드리도록 하라.
2. 지혜와 분별력을 가지고 그분의 재정에 대한 청지기 직분을 수행하기 위해 책임있는 태도를 가지라.

만약, 하나님께서 당신을 재정의 사도로 부르고 계시다면 어떻게 하겠는가? 하나님 나라를 건축하려는 다른 사람들에게 헌금하는 일뿐만 아니라, 그 나라의 조직들을 세우거나 혹은 그런 조직들에 자금을 공급하는 일을 하도록 하시기 위해 하나님께서 당신에게 그분의 목적과 동역하는 법을 훈련하고 계시다면 어떻게 하겠는가?

다른 사람들이 당신을 대신해서 당신의 재정에 대해 청지기 직분을 수행하도록 부름받는 것이 아니다. 우리에게 모든 재정을 사도들의 발아래 두어 그들로 우리의 재정을 가지고 하나님 나라를 세울 수 있게 하라고 촉구하는 것은 교회 안에 있는 거짓 증인이다. 하나님께서는 다른 사람이 아니라 바로 당신을 재정의 사도로 부르고 계실 수도 있다. 만약 하나님께서 사역적인 사고를 가진 사람은 볼 수 없는 조직들에 자금을 대거나 혹은 그런 조직들을 직접 세우도록 하시기 위해 당신에게 그분의 목적과 동역하는 법을 훈련하고 계시다면 어떻게 하겠는가?

자기 교회에 엄청나게 많은 돈을 헌금한 내 친구들은 큰 실수를 저지른 것이었다. 한 부부가 교회의 수입 전체를 책임진 것이 그들 자신을 불명예스런 자리에 있게 만들었다. 만약 남편의 직업 때문에 그들이 어쩔 수 없이 이사해야만 한다면 어떻게 하겠는가? 그들의 교회는 한 사람에게 의존했기 때문에 무너졌을지도 모른다. 더군다나, 그들의 목사가 이미 과도한 돈을 가지고 있었고 여러 해가 지난 후에도 100명 이상으로 교회를 성장시킬 수 없었는데, 왜 하나님이 그 부부에게 비전 없는 조직에 더 많은 재정을 투자하기를 원하시겠는가? 잘못된 교리 때문에 그 부부는 그 한 교회에만 헌금해야 한다는 거짓된 책임감을 갖게 된 것이었다.

하나님은 우리들 각자 안에 청지기 직분에 대한 자원하는 갈망을 넣어 두셨다. 모든 문명은 이런 사실을 중심으로 돌아간다. 그것은 물질주의와 탐욕에 뿌리를 둔 육적인 욕망이 아니라, 영적인 근거가 있는 갈망이다. 하나님은 우리가 그분에게서 받은 자원들에 대한 청지기 직분을 즐기기를 원하신다.

> 돈을 사랑함이 일만 악의 뿌리가 되나니
> 이것을 사모하는 자들이 미혹을 받아
> 믿음에서 떠나 많은 근심으로써 자기를 찔렀도다
>
> 디모데전서 6:10

일반적으로 잘못 인용되긴 하지만, 성경은 돈이 악이라고 말씀하지 않는다. 다른 공급물자와 마찬가지로 돈 역시 중립적인 것이다. 오히려, 선한가 악한가를 결정짓는 것은 탐욕과 두려움, 그리고 걱정 등 돈에 대한 마음의 태도이다.

하나님은 우리가 종교(religion)라고 부르는 형식과 구조, 그리고 프로그램을 뛰어넘어 감찰하고 계신다. 그분은 인간이 그분을 예배하기 위해 확립해 놓은 벽들과 경계들, 그리고 정의들의 범위를 넘어 바라보고 계신다. 하나님은 건물들과 사람들을 사랑하시지만, 그분의 눈은 자신의 유업인 전 세계를 품으시면서 여기저기를 살피신다. 지금 하나님은 그분의 자원들을 맡을 청지기를 찾기 위해 사람들의 마음과 인격을 면밀히 살피고 계신다. 뿐만 아니라, 그분은 하나님의 갈망을 성취해 드릴 수 있기 위해 더욱 더 충만한 성령의 그릇이 되고자 하는 사람들을 찾고 계신다.

하나님의 연인으로서, 우리는 돈과 섬김과 사랑으로 모든 것을 희생하기 위해 함께 연합해야 한다. 물론 우리가 드리는 것에 가격표를 붙여서는 안될 것이다. 실제로 우리는 사랑으로 인해 나누어 주고 싶은 동기를 부여받게 될 것이다. 만약 우리가 희생적인 생활방식 속에서 순종하는 마음으로 우리 돈의 상당한 비율을-대개는 10퍼센트보다 훨씬 더 많이-규칙적으로 드리지 않는다면, 결국 원수의 재정적인 억압에 우리 자신을 열어놓게 될 것이다. 우리의 자원들 중에서 얼마나 많은 비율을 드릴 것이며, 어느 정도가 '희생적인' 것인가 하는 것은 개인적인 것이며, 주님과의 인격적인 교제로부터 흘러나온다.

나는 우리가 드리지 않는다고 하나님께서 우리를 심판하시는 것은 아니라고 믿는다. 그렇지만 우리의 드리는 행위는 하나님께서 자연적인 영역, 즉 우리의 인격과 생활방식, 재정, 건강 그리고 기타 많은 영역에서 역사하실 수 있도록 문을 열어드리는 것이다. 우리가 희생적으로 드리지 않는다면, 우리의 보물은 이땅에서 받는 것으로 제한되어 버린다. 왜냐하면 하나님께서 그 길을 통해 역사하시도록 우리가 그분께 문을 열어드리지 않았기 때문이다. 희생적인 드림의 길은 그분께 너무나 중요한 것이다.

Chapter 9

갑절의 기름부음

••••• 소망을 품은 갇혔던 자들아
너희는 보장으로 돌아올지니라
내가 오늘날도 이르노라
내가 배나 네게 갚을 것이라

스가랴 9:12 •••••

한 사람이 자신의 인생에 대해 의논하고자 나의 사무실에 찾아왔다. 재정적으로 힘들어하고 있었기 때문에, 그는 자신이 사역으로 부름받았다고 믿었다. 하지만 그가 받고 있는 적은 기부금으로는 생계를 유지할 수가 없었다. 그를 위해 기도할 때, 나는 하나님께서 그의 손에 축사의 은사를 주셨다는 것을 감지했다. 그러나 하나님은 그에게 인터넷을 위한 사업전략도 주고 계셨으며, 그의 기술을 사용하여 그에게 필요한 것들을 공급하고자 하셨다. 내가 그에게 그렇게 말했을 때, 그는 방어적인 자세를 취했다. "하지만 전 예수님을 따르기 위해 모든 기술과 경력을 포기했습니다. 지금 저는 믿음으로 살고 있습니다."

"아뇨, 하나님께서 당신에게 그런 능력을 주셨습니다." 내가 그에게 당부했다. "그리고 사역은 단순히 교회의 사면 벽 안에만 있는 것이 아닙니다. 그분은 당신을 부르시고 계시지만 오로지 교회로만 부르시는 것은 아닙니다."

"텐트 만드는 사업 같은 것을 말씀하시는 건가요?" 그가 사도 바울을 언급하면서 물었다.

갑자기 나는 세상적인 직업에 관해 일반적인 그리스도인의 관점이 얼마나 왜곡되었는지 깨달았다. 우리는 세상적인 직업에 종사하는 자들을 하나님 나라에서 2류 시민쯤으로 생각하는 경향이 있는 것이다.

그래서 내가 대답했다. "아뇨, 하나님은 당신에게 텐트 만드는 능력을 주시지 않았습니다. 그분은 당신에게 갑절의 기름부음을 주셨습니다. 당신은 교회를 향해 능력으로 사역하면서 하나님 나라를 세우도록 부르심을 받았습니다. 또한 당신은 많은 사람들이 복음진리를 교회뿐만 아니라, 세상에도 전하는 데 필요한 포맷을 고안해낼 뿐만 아니라, 그리스도인들이 인터넷 웹페이지를 준비하는 새로운 방법들을 만들어내도록 부르심을 받았습니다. 그것을 통해 당신은 예수님이 사랑하시지만 아무도 찾아가지 않고 있는 많은 사람들과 접촉하게 될 것이며, 그들에게 그분의 대변자가 되실 것입니다. 그것은 둘 중 어느 하나를 선택해야 할 문제가 아니라 둘 다 해야 하는 것입니다!" 즉시로 그는 강력한 영적 무게를 느꼈으며 그것이 하나님의 임재임을 알았다. 그의 생각은 개인적인 부르심 안에서 잘못된 정체성으로 인해 겪어왔던 갈등으로부터 자유케 되었다. 막대기가 모세의 손에 있었던 것처럼, 공급하심이 그의 손에 있었다.

하나님의 자명종 소리

어느 날 밤, 날카로운 자명종이 나를 깊은 잠에서 깨웠다. 비틀거리면서 침대곁의 책상을 확인하다가 내 방에 자명종을 맞춘 적이 없다는 것을 깨달았다. 그 소리는 하늘에서 울린 것이었으며 하나님께서 나를 깨우고 계셨다. 그분은 나에게 이렇게 말씀하셨다.

"이제 곧 그리스도의 몸 안에 커다란 자명종 소리가 있을 것이다. 나는 희망을 잃은 세대를 내 안에 거하도록 부를 것이다. 그들은 대규모로 와서 단지 아들로서만이 아니라 그리스도의 신부로서 유업을 얻게 될 것이다. 그것이 땅에서 바로 지금 분배되어야 할 갑절의 유업이다."

은총이 천국의 빛 아래서 빛을 발하는 자들을 아름답게 한다. 성경은 다음과 같이 우리에게 상기시킨다.

> 오직 너희는 여호와의 제사장이라 일컬음을 얻을 것이라
> 사람들이 너희를 우리 하나님의 봉사자라 할 것이며
> 너희가 열방의 재물을 먹으며
> 그들의 영광을 얻어 자랑할 것이며
> 너희가 수치 대신에
> 배나 얻으며
> 능욕 대신에
> 분깃을 인하여 즐거워할 것이라
> 그리하여 고토에서 배나 얻고
> 영영한 기쁨이 있으리라
>
> 이사야 61:6-7

마지막 시대에, 하나님은 창세기에 기록된 요셉의 간증을 거울처럼 보여줄 남은 자들을 일으키기 원하신다. 요셉은 태어난 후 아버지의 은총을 받았지만 형들이 그를 질투했다. 핍박이 수반된 장기간의 희생적인 여정을 통과한 후, 요셉은 결국 바로를 섬기게 되었고 왕국의 큰 부분을 관할하는 자리에 세워졌다. 그의 지위덕분에 그는 하나님의 백성인 이스라엘의 필요를 풍부하게 공급할 수 있었다. 만약 그가 그런 역할을 수행하는 자리에 임명되지 않았더라면 그것은 불가능했을 것이다.

요셉이 중요한 지도자의 역할을 수행하도록 선택한 것은 단순히 바로가 아니었다. 그는 하나님의 은총 안에서도 성장한 자였기에 하나님의

언약 백성을 다스리는 천국의 지도자 자리에 임명된 것이었다. 선지자 사무엘처럼, 요셉은 먼저 하나님의 은총 안에서 성장했고 사람의 은총은 두 번째였다. 그것 때문에 그는 먼저 인간에게서 한 역할을 부여받았고 그 다음에 하나님과 하나님의 백성에게서 한 역할을 부여받았다.

요셉은 하나님께서 어떻게 많은 사람들에게 바로 지금 대가를 지불하라고 요청하시는지 보여주는 비유적인 그림이다. 요셉은 큰 대가를 지불하면서 여러 번 하나님께서 왜 자신의 삶에 그토록 큰 불행을 허락하시는지 의아하게 여겼다. 요셉은 아무리 상황이 좋지 않더라도 마음을 올바로 지켰기 때문에, 보디발의 집에서든, 감옥에서든, 혹은 바로에게든, 그가 처해지는 모든 환경에서 항상 은총의 자리로 올라갔다. 이것은 하나님의 언약 백성을 위한 모범인 동시에 땅에서 우리에게 분배되는 은총의 모범이다. 더 나아가 하나님은 심지어 고난 가운데서도 그의 언약백성에게 영향력과 은총을 부여하기 원하신다. 이제 하나님의 약속을 붙잡아야 할 때가 되었다.

지금까지 하나님은 많은 사람들을 이런 순종의 여정으로 인도해 오셨는데, 그것은 그들이 합당한 때에 창조성의 결핍과 불모의 광야 한가운데서 높임을 받을 수 있게 하기 위함이었다. 마지막 시대에 그런 창조성의 결핍과 불모의 광야가 세상에 가득하게 될 것이다. 앞에서도 언급했듯이, 서구세계를 에워싼 큰 은혜가 너무나 흔한 것인 양 보였기 때문에 우리는 그것을 당연한 것으로 여기는 경향에 빠지게 되었다. 하지만 어느 날 하나님께서 이 은혜를 거두어가실 것인데, 그러면 오직 하나님께 영적인 능력을 부여받은 것만이 번성하든지 아니면 원수가 번성할 것이다. 인간적인 노력은 아무것도 성취하지 못할 것이다. 그때 사람들은 누구를 섬길 것인지 선택해야 할 것이다. 그 시기가 도래할 때, 자원의 부족으로 인해 예수님의 모든 목적들이 성취되지 못하는 일이 없도록 하기 위해 요셉의 기름부음을 가진 자들이 영광스런 축복의 청지기직을 위임받게 될 것이다.

가난한 자들을 위한 사역

재정장관 천사는 처음으로 나를 찾아왔을 때 땅의 굶주린 자들과 가난한 자들을 치유하기 시작할 강력한 돈의 이동에 대해 나에게 보여주었다. 서구세계의 신자들이 재정장관 천사에게 동의하여 천국의 자원들을 자신의 삶 속으로 이동시킬 수 있는 가장 직접적이고 강력한 방법들 중 하나는, 이 땅의 가난한 자들을 향한 마음을 달라고 기도하는 것이다.

재정장관 천사를 만난 두 번째 경험에서, 그는 이렇게 권고했다.

"당신은 사랑받지 못하는 자들을 사랑할 때 더 큰 권위를 얻게 됩니다. 그들을 먹이고, 입히고, 돌보고, 방문하고, 입양하는 등의 구체적인 방법으로 그들을 사랑할 때, 당신은 삶의 다른 영역들에서 하나님의 활동을 가속화할 수 있게 됩니다. 그것이 당신 위의 하늘을 열어놓습니다. 마치 예수님이 땅의 가난하고 고통받는 자들을 만지신 것이 그분에게 더 큰 영향력을 부여해준 것과 같습니다. 예수님이 가난하고 연약한 자들을 만지시며, 자신의 사랑으로 그들을 온전케 하셨을 때, 인간에게 알려진 가장 높은 수준의 천국 사역 중 몇 가지가 땅으로 끌어내려졌습니다. 그래서 하나님의 빛이 세계 전역에서 증가되었습니다. 그것을 본받으십시오!"

그런 다음 재정장관 천사는 나를 이사야의 책으로 이끌어갔다.

나의 기뻐하는 금식은

흉악의 결박을 풀어 주며

멍에의 줄을 끌러주며

압제 당하는 자를 자유케 하며

모든 멍에를 꺾는 것이 아니겠느냐

또 주린 자에게 네 식물을 나눠 주며

유리하는 빈민을 네 집에 들이며 벗은 자를 보면 입히며

또 네 골육을 피하여 스스로 숨지 아니하는 것이 아니겠느냐

그리하면 네 빛이 아침같이 비칠 것이며

네 치료가 급속할 것이며 네 의가 네 앞에 행하고

여호와의 영광이 네 뒤에 호위하리니

네가 부를 때에는 나 여호와가 응답하겠고

네가 부르짖을 때에는 말하기를 내가 여기 있다 하리라.

만일 네가 너희 중에서 멍에와

손가락질과 허망한 말을 제하여 버리고

주린 자에게 네 심정을 동하며

괴로와하는 자의 마음을 만족케 하면

네 빛이 흑암 중에서 발하여

네 어두움이 낮과 같이 될 것이며

> 나 여호와가 너를 항상 인도하여
>
> 마른 곳에서도 네 영혼을 만족케 하며
>
> 네 뼈를 견고케 하리니
>
> 너는 물 댄 동산 같겠고
>
> 물이 끊어지지 아니하는 샘 같을 것이라
>
> 네게서 날 자들이 오래 황폐된 곳들을 다시 세울 것이며
>
> 너는 역대의 파괴된 기초를 쌓으리니
>
> 너를 일컬어 무너진 데를 수보하는 자라 할 것이며
>
> 길을 수축하여 거할 곳이 되게 하는 자라 하리라.
>
> 이사야 58:6-12

이 구절은 하나님과 인간에게 더욱 큰 은총을 얻는 것과 영적인 가속화에 대한 가장 큰 열쇠를 제공한다. 재정과 자원들을 재분배하고 배가시키려는 하나님의 활동은, 땅이 마지막 시대의 절정에 이를 때까지 그리스도인들 사이에서 계속적으로 확대될 것이다. 마지막 시대에 하나님은 이스라엘 나라를 위한 그분의 목적에 큰 재물과 자원들을 공급하시기 위해 그의 몸된 교회를 통로로 사용하실 것이다.

따라서 그 모든 것은 가난한 자들에 대한 마음으로 시작된다. 그 자비로운 천사가 나에게 계시한 내용에 근거해서, 나는 가난한 자들에 대한 마음이 없이는 누구도 하나님 나라에서 진정으로 번창할 수 없다고 믿는다.

Chapter 10

아낌없이 베풀라

..... 선한 일을 행하고
선한 사업에 부하고
나눠주기를 좋아하며
동정하는 자가 되게 하라
이것이 장래에 자기를 위하여
좋은 터를 쌓아
참된 생명을 취하는 것이니라

디모데전서 6:18-19 .....

내가 캐나다의 한 컨퍼런스에 참석하고 있는 동안, 재정장관 천사가 천국 경제에 대한 더 많은 계시를 내가 이해하도록 돕기 위해 다시 한 번 보내심을 받았다. 이번에는 다음과 같은 내용을 나에게 알려주었다.

"주님은 마게도냐의 본보기에 영감을 불어넣으실 것입니다. 주님께서 이 세대를 위해 계획하고 계시는 높은 목적들 가운데 들어가기 위해서는 마게도냐적인 생활방식이 필요할 것입니다."

나는 성경 전체를 살피다가 바울이 극도의 가난에서 흘러나온 마게도냐의 후한 섬김의 혜택을 받았다는 것을 알았다. 그는 이렇게 기록했다.

> 형제들아 하나님께서 마게도냐 교회들에게 주신 은혜를
> 우리가 너희에게 알게 하노니
> 환난의 많은 시련 가운데서 저희 넘치는 기쁨과 극한 가난이
> 저희로 풍성한 연보를 넘치도록 하게 하였느니라
> 내가 증거하노니 저희가 힘대로 할 뿐 아니라
> 힘에 지나도록 자원하여
>
> 고린도후서 8:1-3

그런 다음 재정장관 천사가 이렇게 말했다.

"성령님께서 인간 본성으로는 불가능한 방식으로 베풀도록 교회를 인도하실 것입니다. 하나님은 당신이 예수님의 갈망에 따라

베풀기를 원하십니다. 그런 마음의 태도가 바울의 말대로 자신의 능력을 뛰어넘어 베푸는 백성의 모습입니다."

이런 식으로 베푸는 것은 서구세계에는 완전히 낯선 것이다. 우리는 연민의 정으로 마음이 감동될 때나 가시적인 고통을 보고 자극받을 때 인도주의적으로 베푼다. 하지만 일단 그런 사건들이 잊혀지고 나면 어떤 잔악한 행위들도 서구세계의 양심과 관심을 끌지 못한다.

하나님은 천국에 자신의 창고를 짓고자 하는 백성을 부르고 계신다. 그분은 세상의 경제 주위를 맴돌지 않으면서, 영원한 가치를 지니도록 새롭게 만들어진 체계를 가진 백성을 찾고 계신다.

예수님의 불타는 갈망은 무엇이든지-재물이든 아니든- '소유하고 있는' 자들에게는 너무나 위협적인 것이어서, 그 아름다운 사람(예수님을 가리킴-역자 주)의 마음을 대면하는 순간, 많은 사람들이 예수님께 영생에 들어가는 법에 대해 질문했던 부자 청년과 같이 그분을 떠나가버린다.

예수께서 가라사대
"네가 온전하고자 할진대 가서
네 소유를 팔아 가난한 자들을 주라
그리하면 하늘에서 보화가 네게 있으리라
그리고 와서 나를 좇으라."
하시니 그 청년이 재물이 많으므로
이 말씀을 듣고 근심하며 가니라.
예수께서 제자들에게 이르시되

> "내가 진실로 너희에게 이르노니
> 부자는 천국에 들어가기가 어려우니라
> 다시 너희에게 말하노니 약대가 바늘귀로 들어가는 것이
> 부자가 하나님의 나라에 들어가는 것보다 쉬우니라" 하신대
>
> 마태복음 19:21-24

그 부자는 가치 체계가 세상과 얽혀 있어서 예수님의 갈망에 따라 베풀려면 너무나 많은 희생이 요구되었기 때문에 그렇게 할 수 없었다.

우리는 하나님의 갈망에 따라 베푸는 법을 배워야 한다. 하지만 우리는 오직 성령님과의 만남을 통해서만 그렇게 하도록 인도하심을 받을 수 있다. 하나님 나라를 위한 자원들의 청지기로 살고 있는 사람들은 규칙적으로 하나님의 마음과 대면하지 않으면 아낌없는 마음을 유지할 수 없다. 그렇게 규칙적으로 하나님의 마음과 대면하지 않는다면, 그들은 삶의 압박과 인간적인 곤경에 짓눌린 나머지 인간적인 지혜를 가지고 그것들을 해결하려고 애를 쓰게 될 것이다. 인간적인 지혜란, 진리에 기반을 둔 경건한 통찰력이긴 하지만, 하나님과의 관계를 벗어나 적용되는 것을 말한다.

인간적인 지혜는 우리 자신의 일정표를 따르도록 우리를 이끌어간다. 그것은 천국의 일정표를 성취하지 못한다. 인간적인 지혜는 참된 길과 나란히, 그리고 참된 길이 보이도록 우리를 이끌어갈 수 있지만, 그 길 위로 인도하지는 못한다.

마태복음 19장에서 언급된 부자 청년은 모세의 율법 전체를 지키면서 경건한 지혜의 진리를 따라 살아왔었다. 그러나 예수님께서 모든 것을

아낌없는 희생과 예배의 제물로 포기하라고 그에게 도전했을 때, 그 청년은 그렇게 할 수 없었다. 그는 자기 자신의 생명을 너무나 사랑했기 때문에 그런 요구를 이룰 수 없었다.

하나님의 목적에 굴복함

하나님은 전심으로 헌신된 그릇들을 통해 흘러가고자 그런 자들을 찾고 계신다. 그분은 그분께 온전히 굴복된 자들이 아니면, 누구에게도 투자하지 않으실 것이다. 왜냐하면 그들이 그분의 목적에 따라 살아야 하기 때문이다.

자원들의 청지기 역할은 전심으로 헌신되어 있는지를 판가름할 수 있는 가장 큰 시험들 중 하나이다. 어떤 면에서 이 땅의 모든 문화는 그것을 중심으로 선회하기 때문이다. 서구문화에서 우리는 퇴직계획과 401(k)[미국에서 시행되는 퇴직준비예금-역자 주], 사회보장, 예금계좌, 그리고 모든 형태의 보험(강제적인 것들까지 포함) 등을 제정한다. 우리는 우리나라 위에 머무는 일반은총으로 인해 여러 가지 창고들을 가지고 살아간다. 우리 문화는 미래에 대한 개인적인 안전을 구축할 수 있는 시스템을 갖추고 있다. 그런 사회 속에 살고 있기 때문에, 우리는 속박을 초래하는 사고구조를 갖지 않을 수 없다. 그렇게 지혜로워보이는 수단들을 통해 안전을 얻으려는 것은 악하거나 잘못된 갈망이 아니지만, 하나님은 먼저 지혜를 요구하지 않으신다. 하나님은 우리를 향한 그분의 갈망에 완전히 내맡겨진 삶을 살기를 추구하면서 그분께 전적으로 헌신된 심령들을 보기 원하신다.

믿는 이로서, 우리는 자신의 먼 미래에 대해서는 알고 있지만 대부분 그런 먼 미래를 위해 투자하려는 매일의 갈망을 가지고 살지는 못한다. 우리는 집과 자동차, 직업, 재정적인 안정, 돈을 버는 일, 소유하는 일, 그리고 빌려주는 일 등과 같이 돈과 물질주의에 좀 더 집착한다. 그렇지만 동시에 하나님은 우리에게 '더 높은 곳이 있다! 이리로 올라오라!' 고 탄원하고 계신다.

아나니아와 삽비라의 영

우리가 자신을 위해 약간의 소유를 취했다 하더라도, 그것이 우리가 모든 면에서 전적으로 하나님을 저버리고 있다는 뜻은 아니며, 또한 전심으로 헌신되지 못했다는 뜻도 아니다. 그렇지만 하나님께서 모든 것을 요구하시는데 우리가 대부분의 것은 드리면서도, 전부를 드리지 않는다면, 위험한 길을 걷고 있는 것이다. 아무리 우리가 "모든 것을 바칩니다"라고 노래하면서 예배드린다 해도 우리는 거짓된 삶을 살고 있는 것이다.

하나님은 자신의 영광을 아무에게나 주시지 않을 것이다. 따라서 우리가 약간의 재산을 붙들고 있으면서도 드리는 시늉을 한다면, 아나니아와 삽비라를 죽게 한 것과 동일한 기만을 드러내고 있는 것이다(행 5장). 아나니아와 삽비라는 땅을 판 뒤 그 돈을 하나님 나라 건설을 위해 드리러 갔다. 아나니아는 매각을 통해 얻은 수입 전부를 가져왔다고 하면서 그 돈을 사도들의 발아래 두었다. 베드로는 돈의 일부를 감춰놓고 그것에 대해 거짓말했다고 그를 꾸짖었다.

그 심각한 범죄는 그의 죽음을 초래했으며 동시에 오늘날 우리의 본보기가 된다. 돈의 일부를 감춘 것에 대해 아무런 책임감도 느끼지 못했던 삽비라 역시 거짓말을 했다가 죽음을 당했다. 이 사건은 우리가 뭔가를 감추고 있으면서도, 모든 것을 드리고 있는 체할 때, 일어나게 되는 일을 실제적으로 보여주는 그림이다. 아나니아와 삽비라의 영은 이 세상의 영으로서, 자기의 소유가 아닌 것에 대해서 소유권을 가지기를 열망한다.

과격하게 드리는 삶으로의 초대

아주 굉장한 초대장이 우리에게 보내지고 있는데, 그것은 어떻게 드릴 것인가에 관한 계시가 풀러나고 있음을 의미한다. 서구세계가 자유케 될 수 있는 한 가지 방법은, 많은 것을 소유한 자들이 위험을 감수하고 믿음으로 점프하여 하나님의 마음에 씨앗을 뿌리는 가운데 아낌없이 드리는 것이다. 하나님을 기쁘시게 하기 위해 어디에다 과격하게 드려야 할지 모르겠다면 성경에서 찾도록 하라. 성경을 처음부터 끝까지 읽어보면 가장 큰 섬김의 대상이 두 가지로 분류된다. 그것은 가난한 자들과, 유대인들이다.

우리는 가난한 자들에게 베풂으로써 우리의 영적 성장을 가속화할 수 있다. 그것은 가난한 자들에게 드리는 것이 하나님의 마음과 동역하는 것이기 때문이다. 그렇지만 이스라엘에게 베푸는 것은 우리의 개인적인 영적 성장과 축복을 가속화할 뿐만 아니라, 실제로 주님의 오심을 가속화하게 된다.

성경 전체에서 아주 분명하게 예언되어 있듯이, 한 국가로서의 이스라엘이 자신의 언약적인 목적에 첫 발을 내디디게 되는 유일한 방법은 아낌없이 드리려는 마음이 그리스도인들 위에 임하는 것이다. 하나님은 기독교의 언약 백성을 그분으로부터 아주 분명한 약속을 받은 유대의 언약 백성과 연합시키실 것이며, 그런 다음 분리의 장벽을 완전히 무너뜨리고 두 백성 모두를 그분의 마음속으로 이끄실 것이다. 만약 교회가 이스라엘을 위한 하나님의 언약적 목적을 성취하기 위해 할당된 자원들에 대해서 천국과 동역하고자 한다면, 우리는 주님의 오심을 가속화하게 될 것이다.

이것의 실례가 미국 위에 존재한다. 미국 위에 그토록 강력한 번영의 은혜가 있게 된 한 가지 이유는, 해리 트루먼(Harry S. Truman) 대통령과 미국민 한 세대가 자원들과 보호의 손길을 제공함으로써, 이스라엘이 1948년에 한 나라로 회복되는 것을 도왔기 때문이다. 그것이 하나님의 마음을 너무나 감동시켜 미국이라는 나라 전체에 큰 번영과 목적의 확대를 가져오게 되었다.

내가 보장하거니와, 다른 나라들이 이와 같은 천국의 전략을 가지고 이스라엘을 돕는다면 틀림없이 영적 체험에 있어서 신속한 진보를 경험하게 될 것이며, 그 결과 교회만이 아니라 그들 문화에 속한 사회 전체에까지 영향을 미치게 될 것이다. 이것은 하나님의 마지막 때의 목적을 성취하기 시작함에 있어서 결정적으로 중요한 것이다.

이와 같은 동역관계를 취하면서 이미 세상적인 예언적 부르심의 자리에 전략적으로 배치되어 있는 자들을 위해 아주 멋진 초대장이 발송되었다. 하나님은 아낌없이 드리려는 나라들, 그리고 그분의 목적을 가속화함으로써 하나님 나라를 지금 이땅에 나타나게 하려는 나라들에게 위대한 자원들을 제공하기 원하신다.

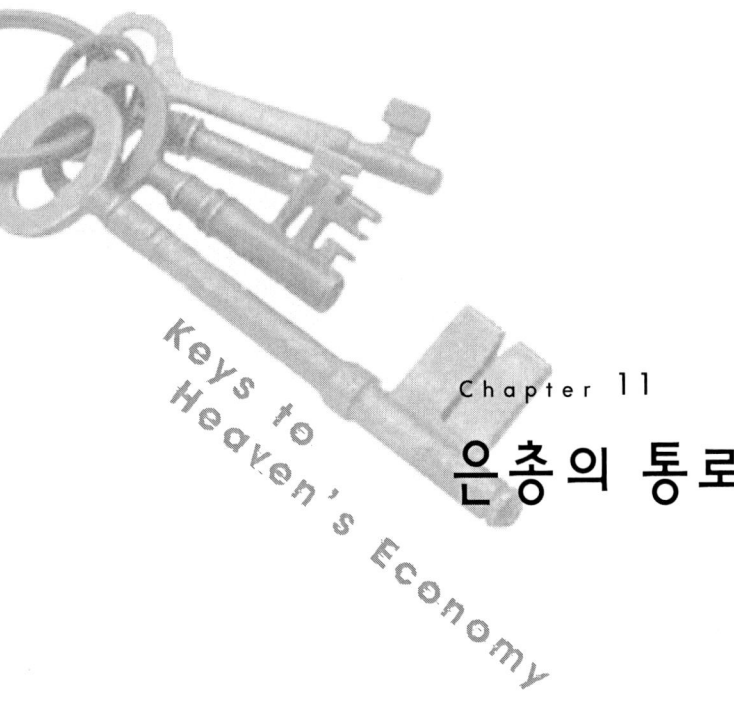

Chapter 11
은총의 통로

..... 심는 자에게
씨와 먹을 양식을 주시는 이가
너희 심을 것을 주사
풍성하게 하시고
너희 의의 열매를 더하게 하시리니
너희가 모든 일에 부요하여
너그럽게 연보를 함은
저희로 우리로 말미암아
하나님께 감사하게 하는 것이라

고린도후서 9:10-11 .....

어느 날 밤 꿈속에서, 나는 촉수가 있는 짐승이 바다에서 올라오는 것을 보았다. 그것은 몸통에 많은 촉수가 나 있는 용 같았다. 그 짐승을 유심히 관찰할 때, 나는 지구를 보고 있다는 것을 깨달았으며, 그 짐승은 하나의 대륙만큼이나 컸다. 그 짐승의 촉수들은 밖으로 펼쳐지더니 핵심적인 상업 지대뿐만 아니라, 전 세계의 많은 수도들을 건드리고 있었다.

촉수들이 닿는 곳마다 황폐함과 어둠이 그 사회에 밀어 닥쳤으며, 동시에 부도덕함과 불법이 더해갔다. 그렇지만 각 지역에는 마치 보호용 거품이나 공 안에 담겨져 있는 것처럼 빛으로 반짝이고 있는 몇몇 지대들이 있었다. 그 짐승의 무거운 촉수가 아무리 애를 써 봐도 그 공을 부서뜨릴 수 없었다.

그 '빛나는 지대들'은 단순히 부의 측면만이 아니라 그보다 훨씬 더 많은 측면에서 번영하고 있는 것 같았다. 그런 지대들 주위에는 행복과 도덕성과 천국의 분위기가 있었다. 그 공들은 용의 활동 영역 한 가운데 위치해 있었는데, 용의 활동은 전 세계적으로 인구가 많은 지역들에 집중되어 있었다.

그 빛의 공들을 지나쳐 가는 모든 사람들은 내부를 들여다볼 수 있었다. 아무것도 숨겨진 것이 없었으며, 공 바깥의 사람들은 절박한 심정으로 공 안에서 보이는 것을 흉내내려고 했다. 유일한 위험성은 공 안의 사람들이 호기심에서 보호지역을 벗어나 방황하거나 죄를 짓게 되는 것이었다. 그렇게 할 때 그들은 죽곤 했으며 동시에 광채나는 공의 강렬한 빛도 약화되곤 했다.

잠에서 깨어났을 때, 나는 그 용같은 짐승이 이미 여러 나라들 안에서 활동하고 있는 적그리스도의 영을 나타낸다는 것을 어렴풋이 깨달았다.

그 촉수들의 위치는 그 영이 지배권을 행사하고 있는 위치를 보여주는 것이었고, 빛나는 공들은 신자들이 커다란 어둠 한가운데서 더 큰 빛이 되도록 위임명령을 받은 장소를 나타냈다. 그 '빛나는 지대들'은 아주 특별하게 부르심을 받았기 때문에, 만약 그들이 자신의 권위와 영향력 또는 관계의 영역을 떠난다면, 자기 자신만을 다치게 할 뿐만 아니라 하나님께서 건축해오고 계셨던 것까지도 무너뜨리게 될 것이다.

세상의 영

다가오는 시대에는, 누구든지 상업이나 사업에 뛰어들기로 작정하는 사람은 틀림없이 이 세상의 영인 적그리스도의 영과 싸우게 될 것이다. 적그리스도의 영은 하나님께서 대항문화를 일으키시는 곳을 제외한 모든 시장과 나라에 대해서 권위를 주장하게 될 것이다.

우리의 하늘 아버지께서는 구체적인 명령을 가지고 계시며, 그분이 친히 선택하신 사람들에게 그 명령을 주실 것이다. 원수의 영향력은, 아무리 그럴듯해 보여도, 결코 예수 그리스도의 영향력만큼 높거나 강하지 않을 것이다. 그 선택된 사람들은 하나님의 목적을 깨닫고서 온 세상으로 나가라는 높은 부르심을 추구한다. 미래의 세대들은 "당신의 부르심은 무엇인가?"라고 물을 필요가 없을 것이다. 그냥 깨닫게 될 것이다.

다가오는 시대에 단순히 생존하는 자가 아니라 이기는 자가 되기 위해서는 악에 맞서 격렬하고 무자비하게 싸워야 할 것이다. 심지어 세속적인 지위들까지도 최상의 부르심만을 염두에 두고서 추구해야 할 것이다.

천국의 관심을 사로잡으라

두 번째로 내가 있던 방을 떠나 천국으로 날아 올라가면서 재정장관 천사는 한 통로를 통해 사라졌다. 나는 거대한 문이 천국의 하늘 한가운데 위치하고 있는 모습을 보았다. 그 문의 상단을 가로질러 달려 있는 명판에는 '은총의 통로'라고 적혀 있었다.

그것은 이사야 62장으로 들어가는 통로이기도 했다.

다시는 너를 버리운 자라 칭하지 아니하며…
너를 일컬어 찾은바 된 자요 버리지 아니한 성읍이라 하리라

이사야 62:4,12

나는 그것이, 통과해 들어가는 순간 하늘과 땅에 신적인 은총을 풀려나게 하는 통로임을 알았다. 그 문을 통과해 들어간 자들은 천국의 관심을 사로잡곤 했다. 그런 다음 그들에게는 하나님의 풍성함이 뒤따라와 그들을 가득 채워주곤 했다.

나는 또한 그 통로를 관통해 들어가려면 하나님이 갈망하시는 방식대로 그분을 찾는 여정에 들어서야 한다는 것도 알았다. 어느 누구도 자신의 방식대로 그 통로에 들어설 수 없었고, 돈으로도 그 통로를 통과해 들어가는 데 필요한 공식을 찾을 수 없었다. 오직 하나님과의 관계만이 천국으로부터 은총을 끌어내려 그 문을 열어준다.

조금이나마 나는 그 문을 통과하여 우리를 위해 예비된 신적 은총을 약간 맛본 적이 있다. 그 문으로 들어가는 순간부터, 우리는 개인적으로든 단체적으로든 우리를 대하는 사람들의 태도가 변할 것에 대비해야 한

다. 땅에서 나누는 교제들 속에서, 우리는 천국의 은총을 받게 되지만 동시에 지옥의 증오도 받게 되기 때문이다. 사람들은 더 이상 우리를 대할 때 미온적인 태도를 보이지 않을 것이다. 우리가 너무나 확연한 천국의 분위기를 지니고 있기 때문에 좋은 반응이든 나쁜 반응이든 둘 중 하나가 우리에게 돌아오게 될 것이다.

그런 일이 일어나는 근본적인 이유는, 우리가 하나님의 뜻을 이루기 위한 천국의 목표물이 되기 때문이다. 그때 원수는 다른 사람들의 요새들을 사용하여 당신의 삶 속에 있는 하나님의 목적을 저지하려고 한다. 사탄은 다른 사람들의 연약함을 사용하여 당신을 저지하려고 한다. 기쁜 소식은, 천국도 역시 땅에 간섭하기 시작한다는 것이다. 그때 구원받지 못한 사람들은 거기에 동반되는 천국의 사랑에 반응하게 될 것이다.

아버지를 닮으라

이 책 앞 부분에서, 나는 사람들이 땅에서 하나님의 재정 사역자가 되라는 부르심을 받아들이면서, 실제로 재정장관 천사를 닮기 시작한다고 설명했다. 그 개념을 한 단계 더 끌고 나간다면, 아버지의 뜻과 일치하게 될 때, 우리는 아버지를 닮아가기 시작한다.

내게 주신 영광을 내가 저희에게 주었사오니
이는 우리가 하나가 된 것같이
저희도 하나가 되게 하려 함이니이다…
아버지여, 내게 주신 자도 나 있는 곳에 나와 함께 있어

아버지께서 창세 전부터 나를 사랑하시므로

내게 주신 나의 영광을 저희로 보게 하시기를 원하옵나이다.

요한복음 17:22,24

우리가 이제는 거울로 보는 것같이 희미하나

그 때에는 얼굴과 얼굴을 대하여 볼 것이요

이제는 내가 부분적으로 아나

그 때에는 주께서 나를 아신 것같이

내가 온전히 알리라

고린도전서 13:12

우리가 다 수건을 벗은 얼굴로 거울을 보는 것같이

주의 영광을 보매 저와 같은 형상으로 화하여

영광으로 영광에 이르니

곧 주의 영으로 말미암음이니라

고린도후서 3:18

우리가 성령의 지속적인 내주하심을 유지하고 그분의 인도하심에 순종을 보여줄 때, 우리는 예수님께 너무나 매력적인 존재가 될 것이며, 그로 인해 결국 우리를 향한 그분의 마음을 자극하게 된다. 그래서 그분은 우리에게 가까이 다가오시며 그때 그분의 사랑과 의와 능력이 우리를 변화시킨다.

하나님과 동역하는 삶

볼지어다 내가 네 앞에 열린 문을 두었으되

능히 닫을 사람이 없으리라 내가 네 행위를 아노니

네가 적은 능력을 가지고도

내 말을 지키며 내 이름을 배반치 아니하였도다

요한계시록 3:8

이와 같은 천국 경제의 계시가 나에게 열릴 때, 나는 자연적이고 초자연적인 모든 자원을 사용하여 예수님께 충만한 보상을 드리려는 아버지의 계획과 동역하고 싶은 절박한 갈망을 품기 시작했다.

마땅히 그분께 돌아가야 할 것이 무엇인지 진정으로 이해한다면, 우리는 하나님 나라의 일을 하는 데 필요한 더 큰 분량의 믿음을 붙잡을 수 있게 될 것이다.

저자에 대하여

저자는 현재 미국 LA에 'Expression 58' 사역 단체를 설립하여 문화와 미디어, 예술계 등에 하나님의 거룩함을 나타내고자 하는 새로운 기름부으심의 세대를 일으키는 사역을 하고 있다. 샨 볼츠는 1993년부터 미국과 전 세계를 다니며 예언적인 기름부음과 치유를 인도하는 컨퍼런스의 주강사로 사역하며, 강력한 능력과 선지자적인 선포를 통해 신부의 부흥을 일으키는 선두주자이기도 하다.

저자는 영적 아비인 밥 존스 외 폴 키스 데이비스와 함께 오랫동안 동역하며 'Whitedove ministries' 스태프로 섬겼고, 이곳에서 세계 전역에 하나님과의 깊은 관계와 예언적인 기름부음을 통해 더욱 성숙한 사역을 하기 원하는 지도자들의 멘토 역할도 하였다.

저자는 13년 이상을 미국 캔사스 '기도의 집'(IHOP)에서 마이크 비클 목사와 캔사스시 선두주자 사역학교의 교수진으로 청년들을 훈련시키었고, 이외 예수님과 성도의 친밀함을 일으키는 설교와 계시적인 예언의 선포를 통해 도시를 변화시키는 운동에 동참하였으며, 국제 기도의 집의 많은 사역자들을 섬기기도 하였다.

저자는 한국을 방문할 때마다, 한국에 대한 국가적 예언과 선포로 교회의 리더들을 세우고 있으며, 국가적인 중대한 방향에 대한 성령의 계시를 나누며 성도의 몸을 성숙키는 데 많은 도움을 주었다.

저자는 저서인 《하나님과 동행하는 사람들》에서 천국을 방문했을 때, 예수님의 보좌에 앉아 있는 사람이 누구인가에 대한 메시지를 통해 우리로 하여금 예수님에 대한 진정한 갈망과 거룩한 굶주림을 불러일으킨다. 예수님을 깊게 사랑하는 사람들만이 누릴 수 있는 친밀함과 동행에 대한 깊은 계시는 많은 성도들에게 감동을 주고 있다.